I0423874

D'étudiante à maîtresse.

Hans Evalks .

La découverte.

Devant le bâtiment principal de l'université, Maryia observe les groupes de jeunes qui se forment devant la porte. Son esprit fourmille de questions en voyant tous ces futurs camarades de classe déambuler avec une aisance qui n'a d'égal que le souci de des apparences dont ils font preuve. Assise sur un bout de trottoir, la petite brune détaille les tenues des filles avec un mélange de gêne et de jalousie.

Toutes les plus grandes marques s'affichent devant elle comme dans les magasins dans lesquels elle n'osait pas rentrer quand elle allait dans le centre-ville de Belgrade. Fière de sa paire de Nike neuve qui lui a couté deux semaines de plonge dans le restaurant de son oncle, elle comprend maintenant ce qu'est l'opulence occidentale dans le spectacle de toutes ces filles mieux habillées qu'elle ne l'a jamais été. Même pour le mariage de sa grande sœur, elle s'était ruiné pour une robe avec des talons magnifiques qui ne valent certainement pas la moitié du prix de toutes les paires de chaussures que portent les étudiantes massées devant l'entrée.

-Elle vient d'où la bleue ?

La petite tête brune se tourne vers l'origine de la voix qui l'interpelle. L'air surpris, elle cherche encore à traduire la question avec son peu de vocabulaire, mais le dernier mot lui est inconnu. C'est un simple bonjour qu'elle sort à la brune qui la surplombe. Perchée sur des Louboutins, avec son slim et une paire de Ray-ban qu'elle plonge dans son sac Lancel, la grande brune l'impressionne par son aplomb.

-Tu viens de où ?

Elle lui repose la question différemment en articulant les mots au maximum.

-Serbie, je suis de Uzice.

La grande brune répond par un grand sourire en prenant place à côté de la pauvre serbe perdue dans ce monde inconnue.

-Danka, je suis originaire de Belgrade, lui apprend la bimbo en lui tendant une main aux ongles parfaitement manucurés.

Elle poursuit la conversation en serbe et rassure Maryia par le seul emploi de sa langue maternelle.

-Je suis à ma deuxième année ici. Et quatrième année en Suisse. Tu verras, on y est bien une fois qu'on a compris comment ils fonctionnent.

-j'espère bien !

Danka place une main douce sur la cuisse de sa compatriote et part en direction de l'entrée.

-Ici à midi, on ira manger ensemble, lance-t-elle à la jeune rassurée d'avoir peut-être trouvée une amie ici.

Elle a enfin le sourire et c'est avec une confiance retrouvée qu'elle regarde la belle Danka entrer dans le bâtiment comme si c'était son propre royaume avec tous les jeunes hommes qui s'écartent pour laisser place à la femme qu'ils dévorent des yeux avec une admiration visible.

-On dirait que la pute est en train de recruter !

Une étudiante déclenche le rire de sa copine avec cette phrase lancée au passage sur le côté de la jeune Maryia.

La petite brune lance une insulte en serbe et se lance à la recherche de la salle où se déroule sa première journée de cours.

Studieuse, elle note toutes les informations sur son carnet. Utile ou futile, elle entend ne rien rater de cette année pour laquelle elle a pu bénéficier d'une bourse de son pays. Fière de cet honneur, il faut qu'elle revienne victorieuse et digne du sacrifice qui est fait pour elle avec cette bourse apparemment ridicule pour les suisses avec ces mille francs mensuels, mais c'est un salaire de médecin qui lui est offert pendant toute cette année dans la chambre ridiculement petite que la confédération helvétique met à sa disposition au nom de la coopération internationale.

Sans doute Danka est-elle aussi présente ici de la même manière, se demande maintenant Maryia à l'approche de midi.

L'heure du repas arrivé, la jeune serbe traverse les couloirs à la recherche de la sortie en longeant les murs. Intimidée par la richesse de toutes ces étudiantes, elle retrouve les vieux réflexes de son enfance en laissant la place aux riches qu'elle servait dans le restaurant de son oncle ou simplement par réflexe de classe. Elle admire les belles tenues d'un groupe qu'elle laisse passer quand une main vient la saisir sous le bras.

-N'aies pas peur, c'est moi, lui dit la voix amicale de Danka.

La main sur le bras nue de sa nouvelle amie, Danka la ramène sur le droit chemin et Maryia découvre le plaisir de voir les autres s'écarter sur son passage. Ce n'est pas elle qui intimide, mais l'effet est vraiment des plus agréables pour la jeune fille sans le sou. Pour la première fois de sa vie, elle voit des membres des classes les plus aisées lui céder place. Elle remercie Danka de toute son âme pour le moment qui est encore plus beau que le pique-nique pris en sa compagnie sur la rive du lac.

Tout en grignotant, elles font connaissance et Danka explique ce qu'il faut savoir sur la vie en Suisse dans les grandes lignes.

-Tu vois tous ces mecs qui nous regardent en bavant. Ils ne rêvent que d'une seule chose. Nous baiser, ils ne pensent qu'à ça, nous baiser en nous faisant miroiter une belle vie avec un beau passeport à croix blanche à la fin.

-C'est vrai que ça peut être intéressant comme papier, rêve déjà Maryia à voix haute.

-Tu parles, il n'y a que des promesses et après un an à te faire prendre pour une conne chaque semaine par un gars différent dans les soirées étudiantes, je te promets que tu vas vite changer d'avis.

-Il ne faut pas généraliser, temporise Maryia en pensant sa copine aigrie plus que tout.

-Tu verras.

-Mais alors comment tu vis ?

-Comment cela ?

-Ben, ce n'est pas simplement avec la bourse que tu peux t'offrir tout ça, tu as trouvé un travail.

-Je,…, je ne sais pas trop comment te dire.

-Ne me dis pas que tu…

-Non, je ne vends pas mon cul. Il n'y en a pas besoin avec tous les déviants qu'il y a dans ce pays. C'est l'avantage, plus il y a d'argent, plus les fantasmes des gars sont agréables pour nous.

-C'est-à-dire.

-Je te montrerai ce soir si tu veux. Tu n'auras rien d'autre à faire que venir et encaisser cent francs.

-Mais je ne veux pas faire de sexe, moi.

-Tu verras, c'est plus drôle que tout.

-Mais je ne suis pas sûre, je ne veux pas d'ennui.

-Fais-moi confiance. Allez, rentre en cours et retrouve moi ici à seize heure trente.

-ça joue, répond Maryia à sa copine qui lui donne une bise amicale en la quittant.

Un gain facile.

Après un après-midi consacré à se demander ce qu'elle va découvrir le soir, c'est avec une réticence mêlée à une certaine curiosité que Maryia retrouve sa copine pour un grand moment de découverte.

Cigarette aux lèvres, Danka attend sa nouvelle amie à l'endroit prévu. Au téléphone, elle parle à son interlocuteur avec une autorité surprenante venant d'une fille à la voix aussi douce que ses intentions.

-Et tu prévois cent francs de plus.

La voix masculine répond quelque chose qui reste inaudible de la jeune Maryia, et Danka se tourne enfin vers sa compatriote qu'elle entraine à sa suite.

-Ici, j'ai galéré pendant toute une année avec les mille francs de pension avant de trouver une solution pour faire de l'argent facile. Donc je vais t'en faire profiter aussi. Nous sommes seules et mal aimées dans ce pays, nous devons nous aider.

-C'est gentil, mais je ne suis pas sûr de réussir comme toi. Je suis pudique.

-Tu ne comprends toujours pas, mais ça ne fait rien. Tu vas vite réaliser. En plus, comme tu es logé à Bienne, tu ne risques pas de me piquer mes losers.

-Tes clients, tu veux dire.

Danka éclate de rire avant de reprendre son amie.

-Non, mes losers, ou mes soumis si tu préfères.

-Soumis, donc on parle bien de sexe.

-Pour eux, c'est sexuel, pour nous, c'est simplement rentable. Au moins au début, maintenant, je dois avouer que j'y prends de plus en plus de plaisir.

Maryia accompagne sans dire un mot jusqu'à ce qu'elles arrivent au pied d'un immeuble où Danka lui glisse une dernière consigne.

-Comporte-toi naturellement. Tu es juste une spectatrice pour cette fois.

Sans comprendre, elle hoche la tête et suit Danka dans la cage d'escalier jusqu'à atteindre le dernier étage où elle entre dans un appartement au nom d'un homme à ce qu'annonce le papier glissé dans le bouton de la sonnette.

-Entre, fais comme chez toi, dit Danka.

-C'est chez ton copain.

Danka part de nouveau dans un grand rire en entendant appeler copain l'homme qui surgit dans le couloir à quatre pattes.

-Tu entends ça, petit toutou, elle te prend pour mon copain. Dis-lui ce que tu es !

-Je suis le soumis de princesse Danka, annonce l'homme le plus naturellement du monde.

-Et il va aussi te traiter comme une princesse, hein toutou ?

-Oui princesse Danka.

Joignant le geste à la parole, l'homme plonge la tête sur les baskets de Maryia, et calmement dépose un baiser sur chacun de ses pieds.

Les yeux de la jeune fille trahissent une surprise qui n'échappe pas à Danka. Heureuse de son effet, la princesse des lieux tend son pied à l'homme qui le baise avec une passion visible avant de la débarrasser de son sac à main.

-Tu veux boire quoi ? Demande danka à son amie.

-Comme toi, répond-elle en suivant la grande brune dans l'appartement qu'elle traverse sans la moindre gêne jusque sur la terrasse où elle prend place sur une des deux chaises longues.

-Installe-toi et profite de la vue, c'est une des plus belles vues de tout Neuchâtel.

Gênée, Maryia prend place sur le transat sans oser s'allonger aussi confortablement que son amie. Visiblement plus qu'à l'aise, elle tape dans ses mains en hurlant.

-Et nos martinis, ça vient ?

-Oui princesse, répond l'homme de l'intérieur.

-Faut toujours leur parler comme ça. C'est ce qu'ils veulent, et ça me plait. Tu aimes ?

-Je ne sais pas trop. C'est étrange comme comportement. Je n'ai pas été éduqué comme ça.

-Moi non plus, mais c'est une bonne manière de faire de l'argent pendant les études. Après, je pourrais rentrer diplomée avec un bon capital et me trouver un homme, un vrai, continue Danka en serbe à l'apparition de son majordome obéissant.

Armé d'un plateau, l'homme tend un verre à chacune des deux filles avant de poser le plateau sur une desserte. La tête basse, il garde le regard sur les pieds de la princesse dont il boit les parôles sans les comprendre. Il attend juste sagement qu'elle lui adresse le geste qu'il attend depuis son arrivée.

Le doigt tendu au-dessus de ses jambes, elle désigne ses pieds que l'homme rejoint rapidement. Le visage traversé par un sourire impressionnant, il s'agenouille au bout du transat. Face à Danka, il saisit délicatement les talons qu'il enlève avec une douceur infinie. Maryia jurerait que son amie n'a même pas sentie le cuir glisser sur sa peau tant l'homme a fait montre de délicatesse dans le geste.

La princesse porte bien son surnom pour cet homme si attentionné qu'il donne l'impression de manipuler ce qu'il y a de plus précieux au monde quand il lève doucement le premier pied de sa princesse. Le talon posé sur la paume de sa main, il emploie les cinq doigts libres pour masser longuement les pieds rougis par une journée complète dans leurs écrins précieux.

-Comme tu peux le voir en ce moment, c'est l'homme le plus heureux du monde.

-Tu crois ? Lui demande Maryia, toujours en serbe.

-Alors petit toutou, tu es heureux ?

-Oui princesse, c'est un honneur que vous me faites. Je peux les embrasser ?

-Tu as été sage ?

-Oui princesse, et j'ai exactement ce que vous m'avez demandé.

Le pied toujours posé sur la paume de sa main, il plonge sa main libre dans la poche de son pantalon pour en sortir trois beaux petits billets bleus qu'il tend à sa princesse. Sans décoller son talon de la main de l'homme, elle plie la jambe lentement. Attiré par le lent mouvement, l'homme se trouve enfin à portée des longues mains de la jeune princesse. Sans bouger, les doigts toujours posés contre le matelas, elle se contente de fermer la main sur les deux premiers billets de cent francs sans laisser à son dévot la possibilité de poser le dernier.

-Celui-là, il est pour Maryia. Il faut bien la dédommager pour être venue perdre du temps sur ta terrasse pourrie.

-Oui bien sûr princesse.

-Et depuis combien de temps n'as-tu pas eu deux femmes aussi belles chez toi ?

-Jamais princesse, avoue le laquais en tendant le billet restant à Maryia. Tenez madame, je vous remercie de l'honneur que vous me faites.

La pauvre étudiante saisit le billet qu'elle contemple longuement avant de le glisser au fond de son jean.

-Merci monsieur.

-L'appelles pas monsieur, c'est un loser. Hein loser, dis-lui que tu n'es pas un homme.

-Oui, je suis un loser madame. Je ne suis pas un vrai homme.

Maryia reste stupéfaite d'entendre un homme de l'âge de son père s'adresser à elle de cette façon. C'est impossible à imaginer pour la petite paysanne serbe éduquée dans un cadre orthodoxe traditionnel.

-Et tu restes longtemps à leur disposition, demande Maryia en gardant les yeux fixés sur l'homme occupé à embrasser amoureusement les pieds de la jeune femme apparemment à l'aise dans son rôle de princesse dorlotée par un admirateur des plus assidus.

-Aujourd'hui, je pense rester un moment. Avec ce temps, j'adore rester sur cette terrasse, et il est devenu super doué pour les massages. Mais il m'arrive de rentrer, prendre l'argent et repartir directement. C'est suivant mon humeur, et ce sont eux qui sont à ma disposition, pas l'inverse.

-C'est bizarre. Excuse-moi, mais je dois aller prendre le train pour Bienne, coupe abruptement Maryia soudainement mal à l'aise maintenant que l'homme s'est mis a sucé goulument les orteils de son amie.

-Tu veux qu'il t'emmène à la gare ?

-Non, j'y vais toute seule, merci.

Elle prend son sac et se lève aussi vite qu'elle le peut pour quitter l'endroit. Vite à la gare, elle se plonge dans des pensées toutes plus étranges les unes que les autres. Ce spectacle totalement irréaliste lui occupera l'esprit pendant toute la soirée. C'est même l'image de cet homme occupé à lécher des orteils qui est la dernière image qu'elle voit en songe avant de s'endormir profondément.

La nuit se termine par un réveil plutôt tardif pour la fille habitué à se lever aux aurores. Les cours qui commencent à neuf heure comme ce matin-là sont un réel plaisir. Peut-être que la Suisse n'est pas un si mauvais pays, pense-t-elle lors de sa recherche de motivation à sortir de son petit lit. Même avec la demi-heure de train, il lui reste encore une demi-heure avant que le réveil ne sonne pour la jeune matinale, et encore une demi-heure de plus pour se rendre à la gare. C'est peut-être un vrai paradis pour les princesses qui s'ignorent ?

Le mot de princesse la ramène à la soirée de la veille, et avec curiosité, elle se redresse à s'asseoir contre la tête de lit. Confortablement installée, elle tire la couette vers elle jusqu'à faire apparaitre le bout de ses orteils à l'air libre. Le regard fixé sur ses extrémités, elle joue à les regarder bouger dans la lumière du jour naissant. Les orteils s'écartent, se rapprochent pour s'éloigner de nouveau alors que les doigts tirent plus loin encore la couette pour découvrir le pied entier à la recherche de la raison qui pourrait l'amener à voir des hommes payer pour jouer avec. Elle cherche, mais ne voit pas la raison de venir lécher des pieds sans attrait, sans même parler de l'odeur repoussante après une journée dans des escarpins qui écrasent le plus petit de ses orteils déjà si fragiles.

« Non, ce n'est pas possible », se dit-elle pour elle-même en ramenant brusquement les pieds à l'abri de la couette. Ils y restent jusqu'à la sonnerie fatidique du réveil. Un petit bol de céréales et c'est parti pour une seconde journée dans ce monde étrange qu'est l'université à la mode helvète.

Battante, elle rentre dans la gare en conquérante. Aujourd'hui consciente que toutes ces apparences ne sont que des leurres, elle entend montrer que sa valeur a beau être invisible, elle est plus réelle que la beauté de toutes ces femmes enjolivées à grands coups de francs suisses.

Son objectif en tête, elle réfléchit à comment organiser ses journées pour devenir la brillante diplômée attendue dans sa petite ville d'Uzice. Fière de la chance qui lui est offerte, elle trône presque sur le siège que la malchance lui impose de partager à la dernière minute avant le départ du train régional pour Neuchâtel.

Une blonde immense prend place à côté d'elle avec un sourire poli. Vêtue d'un simple jean et de talons hauts, elle s'impose naturellement au milieu des passagers de la voiture. Inconsciemment, Maryia plie légèrement le cou et c'est de biais que son regard observe sa voisine de trajet. Entre jalousie et admiration, elle détaille la tenue de la blonde et le luxe apparent de tous les vêtements qu'elle porte. Les seins gonflés sous le top rose l'intimide tout autant que l'aisance apparente avec laquelle elle semble supporter les hauts talons à la finition magnifique qu'elle balance négligemment sous le nez du passager d'en face qui semble avoir perdu tout intérêt pour la petite brune qui plie les jambes pour dissimuler les baskets modestes dont elle était pourtant si fière. Totalement démodés ici, ses chaussures de sport lui apparaissent comme une marque visible d'immigration récente pour tout ce peuple habitué à voir constamment des étranger débarqués à la recherche d'un eldorado idéalisé par les reportages télévisés.

Le train arrivé à destination, elle attend sagement que sa voisine de banquette soit dans l'allée pour suivre la foule compacte en direction de la sortie de la gare. Là, elle hésite un moment avant de prendre le bus, mais les deux francs soixante du trajet terrifie son budget à tel point qu'elle finit le trajet par un long quart d'heure de marche tout au long de la descente vers le bord du lac et l'université qui l'attend derrière la masse d'étudiant qui éternisent la dernière cigarette d'avant les cours.

Invisible à la plus grande partie de la foule, Maryia se fraie un chemin avec difficulté jusqu'à l'entrée du vieux bâtiment dans lequel elle est accueillie par une remarque blessante de deux gravures de mode local.

"Je t'avais dit qu'il prenait n'importe qui ici. Non mais, c'est une honte de s'habiller comme ça à notre époque".

La petite brune lance le plus mauvais de ses regard à la blonde au visage surmaquillé, mais n'ose pas pousser la réaction plus loin. Il serait dommage pour elle de se créer des ennuis dès le deuxième jour.

-Elle a un problème la Cosette? lui lance la poupée barbie d'un ton méprisant.

-Je suis Maryia, et pas ta cosette! répond la jeune serbe d'un ton bravache, tout en se demandant ce que peut bien être une cosette.

La blonde et sa copine rient à gorge déployé en entendant la réponse absurde que leur fait la jeune étrangère.

-Et en plus, ça ne sait même pas parler le français, rajoute la grande arrogante.

Des rires surgissent des groupes voisins pour le plus grand bonheur de la moqueuse. Mains sur les hanches, elle toise avec mépris la victime de ses sarcasmes. Sa tête se promène sur l'assemblée pour le plaisir de recueillir une large majorité de regards approbateurs.

Jamais humiliée de la sorte, la petite Maryia tourne le dos aux rires et fuit droit devant elle. A la recherche d'un abri, c'est les yeux humides que la jeune fille trouve un abri dans les toilettes. Assise sur le trone, la petite princesse pleure son aura passé. Jamais, non, jamais cela ne serait arrivé dans son ancienne école. Jamais la jeunesse serbe n'aurait permis de parler comme ça à la meilleure élève de la classe, ni même à aucun autre élève sous peine de voir la foule se retourner contre le tourmenteur.

Le papier tombe par rouleau pour sécher les larmes de l'innocente victime qui ressort de son refuge avec le poing serré dans la poche. Elle rumine la meilleure manière de se venger de cette fille sans éducation quand son esprit réalise que ce que ses petits doigts tripotent au fond de sa poche est le billet de cent francs gagné la veille. Ce contact la réconforte sur les possibilités de vengeance et c'est un visage arborant une confiance retrouvée qu'elle exhibe en pénétrant dans la salle avec une dizaine de minutes de retard.

-Vous saurez qu'en Suisse, nous ne faisons pas que fabriquer des montres, nous en vendons aussi.

-Je sais monsieur, je suis désolé, répond Maryia au professeur réprobateur.

-Je crois que c'est une cliente pour les Casio, rien d'autre, lance une blonde en déclenchant un rire générale contre lequel le professeur ne dit rien.

   Les cheveux clairs se jettent sur le côté pour exposer le visage de sa tourmenteuse à la malheureuse Maryia. Les larmes aux yeux, elle serre le billet si fort qu'elle le garde coincé dans sa paume pendant tout le cours.

« Elle a raison », se dit la jeune en allant rejoindre sa compatriote durant la pause de midi.

Les premiers pas.

Maryia s'inquiète quand elle voit Danka se lever précipitamment pour venir à sa rencontre. Les mains en avant, elle place ses paumes contre les joues de sa compatriote avec une bonté non feinte. Le regard fuyant, Maryia tente d'éluder la question de son amie, mais celle-ci insiste vraiment pour avoir des explications concrètes sur le problème qui agite la nouvelle arrivante avec tant de violence.

La petite brune tente de maitriser ses émotions, mais elle craque rapidement. La tête posée contre la poitrine de Danka, elle laisse s'échapper un torrent de larmes que son amie essuie avec une réelle gentillesse tout en la rassurant sur son cas. Elle aussi a connu telle déception à son arrivée, mais elle s'en est sorti grâce à sa volonté.

-Je t'aiderai. A nous deux, nous allons déplacer leurs montagnes, dit-elle d'un ton victorieux en tendant le bras dans la direction des neiges éternelles visibles au loin de l'autre côté du lac.

Un sourire renait sur les lèvres de la jeune fille rassurée par ses mots que la mentor termine en déposant une bise chaleureuse sur le front du visage collé contre elle.

-Allons manger !

Maryia sourit et suit sa sauveuse en direction du centre-ville pour un repas qui déborde bien au-delà de l'heure de début des cours qu'elles sèchent. C'est une première demi-journée d'école buissonnière qui met mal à l'aise la jeune boursière, mais ce sera loin d'être la dernière.

-Ne t'en fais pas, tu as juste besoin de dire que tu te sentais mal. C'est comme ça ici, et même dans les entreprises.

Surprise d'apprendre cet encouragement littéral à l'absentéisme, l'esprit cartésien de Maryia la laisse se questionner sur la manière avec laquelle ce petit pays peut réussir à rester en pointe de l'économie tout en laissant ses habitants paresser. Elle presse l'expérimentée Danka de questions sur ce sujet, mais celle-ci a vraiment pris le pli suisse.

-On s'en fout, suis-moi.

Et elle saisit la main de son amie qu'elle entraine à sa suite à travers la ville.

-Tu as de l'argent pour une journée shopping ?

-Oui, répond fièrement la jeune Maryia en exhibant la fortune qu'elle gardait précieusement au fond de sa poche.

Danka regarde le malheureux billet bleu et apprend à la jeune immigré que cette somme a beau représenter une semaine de salaire dans sa petite ville de Uzice, ici ce n'est presque rien.

-Mais pourquoi ?

-C'est la Suisse, répond la grande brune avec un mouvement des épaules en signe de son incompréhension à expliquer ce décalage.

-Regarde, rajoute-t-elle en tirant la jeune naïve par le bras devant la vitrine du magasin le plus proche. Avec ton billet, tu peux t'offrir quoi dans ce pays.

Le précieux billet en main, la pauvre Maryia est proche des larmes quand elle réalise que la différence des prix est si importante. Chez Zdanika, la vendeuse de chaussures sa ville, c'est au moins trois paires qu'elle aurait pu s'acheter, et des jolies avec le cuir verni quand cette vitrine ne lui offre qu'une paire de sandales achetable avec son maigre trésor.

-Tu me comprends maintenant?

Maryia regarde son amie avec un air qui en dit long sur sa compréhension de la situation. L'équation est simple à résoudre pour la brillante étudiante: elle vit en clocharde ou profite de la naïveté et des vices humiliants de la gente masculine. Une manière de gagner sa vie grace à ses charmes sans avoir à se rabaisser; c'est du moins ainsi que Danka lui a exposée et démontrée la chose de manière convaincante.

-Montre-moi comment tu fais, il me faut de l'argent si je ne veux pas passer pour une chiffonnière toute l'année.

-Viens, on va s'installer le long du lac, je vais tout te montrer.

Après un rapide arrêt dans un snack pour deux boissons, les filles prennent place sur les rochers de la berge à quelques mètres du banc de trois mètres de haut totalement inesthétique et inutile que la mairie a simplement acheté pour faire plaisir à son fabricant. Les pieds dans l'eau, Maryia écoute attentivement tous les conseils prodigués par son amie. Dans le détail, elle s'appuie sur son expérience pour que la nouvelle arrivante puisse optimiser ses gains en s'adaptant à chacune des annonces postées par les fétichistes sur Anibis. Le site de petites annonces le plus utilisé de Suisse est une réelle mine d'or d'après l'expérimentée Danka.

-Je vais te faire une démonstration.

Les doigts pianotent à toute vitesse sur l'écran du dernier Iphone qu'elle affirme avoir reçu de l'un de ses adorateurs rencontrés sur le site qu'elle parcourt à la recherche d'une annonce encore inconnue.

-Tiens, celle-là est parfaite. « Amoureux des pieds féminins propose cadeau à femme pour une demi-heure à caresser et masser ses pieds ».

Maryia écarquille les yeux en entendant l'énoncé de l'annonce.

-Et hop, je viens de lui envoyer un message pour une rencontre cet après-midi. Je te promets que ta prochaine paire de chaussures est déjà payée.

Les yeux posés sur ses baskets démodés, Maryia imagine déjà ses petits pieds dans une jolie paire d'escarpins vernis, mais l'absence de réponse lui fait perdre le sourire. Les nombreuses anecdotes de son amie lui paraissent un peu rêvées, et elle a du mal à croire le message de réponse qu'elle lit sur le smartphone de sa copine plus de trois heures après.

« Merci maitresse, je sors du travail dans une demi-heure et peut vous retrouver au lieu de votre choix pour un moment de plaisir partagé », suit un numéro de téléphone que Danka saisit sur le clavier pour contacter l'homme qui les rejoint moins d'une heure après.

Dans un léger costume de ville, un homme se tient sous le banc quand le téléphone de Danka se met à sonner. Discrètement, elle jette un œil vers l'endroit indiqué.

-Toujours regarder avant, on ne sait jamais, explique-t-elle à la novice Maryia.

-Viens, on est au bord de l'eau,…., oui « on ». Deux paires de beaux petits pieds ne te dérangent pas, j'espère.

-Oh que non, répond l'homme de vive voix en se pressant à la rencontre des deux jeunes femmes. Bonjour mesdemoiselles, leur lancent-ils avec la tête déjà baissée en direction du sol.

-Ils te plaisent, lui demande Danka en désignant les baskets qui dissimulent les petits pieds de Maryia.

Sur les conseils de son amie, elle a rechaussée ses chaussures pour laisser à son « soumis », comme les appelle son amie experte. « Il faut leur laisser le plaisir de te déchausser, je ne sais pas pourquoi, mais ils semblent adorer ce moment plus que tout autre », lui avait-elle expliqué en y ajoutant de longs détails agrémentés de belles anecdotes toutes plus comiques les unes que les autres.

Après un rapide tour d'horizon, l'homme est rassuré de la discrétion relative de cet endroit suffisamment en contrebas pour assurer une difficulté d'observation à tout passant sur la promenade du bord de lac, et il s'agenouille dans le petit espace disponible entre les jeunes filles et la surface de l'eau. Les mains posées sur les lacets de la première basket, il voit le pied se retirer sous la main tournée de Maryia. Elle ne dit rien et regarde l'homme accomplir son devoir. Sans la moindre difficulté, ni le moindre marchandage, l'homme place un billet de cent francs dans la main tendue. Le papier bleu disparait dans la poche du jean de la jeune fille qui s'allonge sur le rocher plat. En serbe, elle discute avec son amie avec un mépris apparent pour l'homme qui savoure l'instant. Sorbet délicieux, chaque orteil est sucé goulument avec une passion qui finit par transpercer la jeune fille. La succion amoureuse combinée avec les caresses des pouces sur sa plante de pied lui procure un plaisir inédit, mais si doux. Visiblement expert, il arrache deux trois petits soupirs de plaisir à la jeune femme qui se laisse plonger dans un monde inconnu. La chaleur du billet contre sa poche est presque oubliée devant ce mélange brulant de plaisir. Que ce soit physique ou psychique, l'instant est si agréable qu'elle se surprend à ordonner à l'homme de continuer quand il commence à la rechausser.

Un peu gêné, l'homme repose la basket et se plonge de nouveau sur les petits petons qu'elle tend devant elle à la grande surprise de Danka. Celle-ci l'interroge pour lui demander pourquoi elle ne le fait partir.

-J'aime bien, lui répond la jeune immigrée. C'est la première fois que j'ai vraiment un homme à mes pieds. Tu as raison, on peut être des princesses ici.

Elle tape dans la main tendue de son amie et dans un rire, elle congédie l'homme surpris de cette volte-face.

-Puis-je vous rappeler plus tard maitresse ?

Bien que surprise, la nouvelle princesse du duo donne son numéro de portable à l'homme. Heureux, le bénéficiaire du numéro de la jeune femme dépose un baiser sur chacun des quatre pieds tendus devant lui et part avec un sourire contrastant avec l'humilité de sa posture. La tête basse jusqu'à ce qu'il ait disparu du champ de vision des deux jeunes filles, il impressionne même la plus experte.

-Je crois que tu viens de gagner un soumis.

-A quel point ?

-Tu verras par toi-même, mais ce sont des vrais diamants ces bonhommes.

-Des diamants, mais je ne me vois pas avec un homme comme ça.

-Tu verras, je te dis, tu verras.

Sûre de son expertise de la gente masculine, la grande brune n'en dit pas plus et se contente d'emmener sa nouvelle consoeur à la recherche d'une paire de chaussure parfaite.

-Tout est dans la paire de chaussure, lui explique-t-elle.

Le saut vers l'inconnu.

Un grand sac en main, c'est le dos droit que Maryia traverse la ville de Bienne à toute vitesse. Son capital dépensé intelligemment sur les conseils de Danka, elle est pressée d'être chez elle pour exposer tout son butin sur le lit, essayer toutes les combinaisons possibles et aussi, ou surtout, se lancer dans une recherche des meilleures annonces sur internet. Elle stoppe sa course à une seule occasion durant sa traversée de la ville. Devant une des plus belles vitrines, elle s'arrête pour regarder une énième fois les robes à la beauté tout aussi exceptionnelle que les prix affichés sur leurs étiquettes respectives.

"Un jour, vous serez miennes".

La promesse déjà lancée plusieurs fois au cours de ses derniers passages devant cet étalage de richesse lui semble une réalité à venir quand, chez elle, elle étale ses trésors sur le petit lit qui trone seul au milieu de l'unique pièce du minuscule studio mis à sa disposition le temps de ses études.

Assise sur le lit à côté de ses trésors, elle saisit la paire de hauts talons qu'elle vient de s'offrir avec son réel premier gain et détaille avec fierté la beauté et le souci apporté au finition de ces escarpins qu'elle n'aurait jamais pu avoir autrement qu'en rêve dans son ancienne vie. Deux semaines de salaire moyen serbe pour ceci. Jamais elle n'osera avouer à sa mère qu'elle a dépensée une telle somme dans une simple paire de chaussures. La pauvre mamouchka en mourrait d'effroi.

"Mais qu'elle serait fière de voir sa fille avec ces chaussures, elle pourrait enfin voir sa petite princesse en princesse", pense la jeune Maryia en laissant tomber un regard admirateur sur la jolie robe qu'elle a trouvée pour accompagner ses nouveaux souliers vernis. La petite robe et les beaux talons sont vite enfilés pour une petite séance mannequin devant la grande glace de la penderie. Douloureux pour les orteils, les talons compliquent aussi la marche de la jeune fille. Habituée aux chaussures plates, elle n'a jamais porté que des cinq ou six centimètres dans les quelques rares grandes occasions passées, mais ces douze centimètres sont si beaux qu'elle veut bien souffrir le temps qu'il faudra pour obtenir la démarche et l'aisance nécessaire. "Il faut savoir souffrir pour être belle", lui a dit Danka, et au vu de la finesse du galbe donné à ses jambes par les fines aiguilles qui la portent, elle veut bien subir ce petit sacrifice qui peut s'avérer rentable au vu des nombreuses annonces qu'elle découvre sur le site internet que son amie lui a indiqué.

Probablement présent dans ce studio depuis sa construction, le vieil ordinateur peine à afficher les annonces pour le plus grand bien de la jeune apprentie marcheuse. Entre chaque lecture d'annonce, elle parcourt la pièce de long en large avec l'espoir de parvenir à une démarche naturelle malgré la hauteur des échasses qui supportent ses talons.

Des vices tous plus surprenants et repoussants les uns que les autres se suivent sur l'écran jusqu'à ce qu'enfin un simple fétichiste demande à pouvoir profiter de la simple douceur de pieds féminins pour une petite demi-heure.

Maryia pense avoir trouvé, mais seul un cadeau est proposé en récompense du service rendu. Elle contacte donc Danka pour savoir de quoi il s'agit et sur ses conseils répond directement en envoyant un choix entre une somme d'argent ou une paire de chaussure coutant deux fois plus chères que la somme demandée.

-Et hop, c'est cent cinquante qui vont tomber dans ma bourse, s'exclame la jeune avec enthousiasme en cliquant sur « envoyer le message ».

Elle répète l'opération avec les quatres autres annonces de fétichistes des pieds qu'elle trouve avec Bienne pour localité. Forte de son expérience, Danka aide la novice à rédiger des messages de réponses efficaces tout en lui expliquant les annonces et demandes auxquelles il ne faut pas répondre. D'après elle, seuls les simples fétichistes suffisent à assurer un train de vie correct, il serait stupide de jouer avec les masos ou autres déviants pullulant sur le net.

-Avec eux, tu es sûre de ne pas te retrouver face à un pervers qui veut à tout prix se soulager en toi. Ils sont mignons, je commence même à les trouver attachants pour certains.

-C'est noté, répond la brillante étudiante avec son sérieux naturel.

Et, comme à son habitude, elle note tous les précieux conseils sur un de ses petits carnets. Elle en a un pour chaque domaine de la vie. De ses émotions à ses comptes, tout est inventorié avec un soin typique de l'ancien monde socialiste dont son pays a gardé les habitudes les plus lourdes. Maryia se plait ainsi et elle répertorie chacune des annonces sur une page du petit calepin avec la réponse qu'elle a posté pour pouvoir trier parmi les nombreuses réponses qui lui viennent au nombre impressionnant de une.

« Je serais honoré de vous offrir cette paire de chaussures à trois cent francs si vous me faites le plaisir de me laisser m'occuper de vos pieds de princesse ».

Surprise de voir qu'un homme préfère payer trois cent plutôt que cent cinquante pour le simple fait de toucher ses pieds, elle renvoie un message dans la minute qui suit pour fixer rendez-vous à l'annonceur qui l'appelle déjà princesse, comme le soumis chez qui elle a pris un verre avec Danka.

« Ils ont trop d'argent dans ce pays, ce n'est pas possible autrement », envoie-t-elle à son amie par sms avant de se coucher dans des rêves de dressing rempli à ras bord de chaussures toutes plus belles les unes que les autres.

Le sourire aux lèvres, elle passe la journée entière avec la seule pensée de sa rencontre du soir avec l'acheteur de la paire qu'elle a vue dans le magasin de luxe et c'est sous les rires d'une Danka nostalgique de ses premiers rendez-vous qu'elle saute dans le train du retour pour Bienne en fin d'après-midi. La tête haute, elle ose enfin tenir les regards des autres passagers comme elle a tenu le regard des étudiants moqueur durant toute la journée. Savoir qu'elle a une chance de devenir aussi respecté que son amie lui donne des ailes qu'elle garde dépliées jusqu'à l'instant fatidique de la rencontre avec ce généreux inconnu.

Arrivée à une dizaine de mètre du lieu de la rencontre, la jeune fille se poste derrière un buisson clairsemé. Presque invisible derrière le petit mur végétal, elle observe la place qui borde la capitainerie du petit port lacustre. Deux hommes sont présents chacun à un coin de la place carrée, mais elle ne saurait dire qui, du vieux ou du un peu moins vieux, est celui qui va faire son bonheur. Le téléphone sorti de son sac, elle le regarde fixement une longue minute avant de composer le numéro que l'annonceur lui a envoyé dans le dernier message.

Une voix douce lui répond quand le moins vieux des deux hommes présents porte son téléphone à l'oreille. Elle détaille le visage du quarantenaire et ne trouve rien de repoussant à ses traits comme à sa tenue on ne peut plus banal. En jean et petite veste, c'est vers un suisse classique qu'elle se dirige avec une appréhension devenue un simple petit stress qu'elle pourrait qualifier de normal.

-Je suis Maryia, se présente-t-elle.

-Enchanté Princesse, Stéphane pour vous servir.

Les joues rosissent de l'appellation, mais elle tient à garder de la contenance et, surtout, assez de distance pour le conserver sous une certaine emprise comme le lui a conseillé Danka.

-Suis-moi, lui ordonne-t-elle avec froideur.

L'homme ne dit pas un mot et aligne ses pas sur ceux de la jeune aux baskets qu'il ne quitte pas des yeux tout en demandant des détails à celle qui va le faire dépenser trois cent francs.

-Et après, je pourrais vénérer vos pieds ?

Surprise de la formulation, elle demande un éclaircissement.

-C'est moi que tu veux vénérer ou juste mes pieds.

-Euh, c'est vous en m'occupant de vos pieds.

-Je préfère, lui renvoie la jeune étudiante fière de rentrer aussi facilement dans le rôle dont Danka lui a décrit le scénario dans les grandes lignes.

Elle est plus surprise de voir l'exactitude avec laquelle son amie lui a décrit le déroulement de la rencontre. C'est à croire qu'elle en a écrit le scénario. Sont-ils vraiment tous pareils ? « Je verrai bien, mais si c'est ça, ce sera vraiment génial à gérer ».

L'homme sur ses talons, elle arrive dans la rue où se trouve le magasin qui offre la belle vitrine qui la fait rêver depuis qu'elle l'a découverte. Le pas sûr devient hésitant au passage devant une boutique de chaussures à bas prix.

Elevée loin de l'opulence, son esprit de petite fille de la campagne vient de penser au futur en apercevant les prix sur les présentoirs extérieurs de la boutique discount. Certaines paires s'affichent à moins de quatre-vingt francs et un rapide calcul mental lui fait voir en l'homme aux trois cent francs les multiples paires de chaussures qu'elle pourrait avoir. Elle qui n'en possède que deux paires actuellement peut accéder à une diversité qu'elle n'a encore jamais connue dans son passé, qu'il soit proche ou lointain.

Elle s'arrête et se retourne vers son suiveur. Surpris de la voir stopper si bien lancée, il l'interroge :

-Qu'y a-t-il princesse ? Vous ne voulez plus ?

-Si, mais j'ai changé d'avis sur la boutique. Suis-moi !

Elle rentre dans la boutique pour se diriger droit vers les étalages de chaussures à talons. A côté d'elle, l'homme reste silencieux. Le regard posé sur les étagères, il est un véritable sujet d'interrogation pour la jeune fille. Les yeux levés vers l'homme plus grand qu'elle, elle observe la fascination visible de son sujet d'étude pour les chaussures sexys étalées devant lui.

-Elles te plaisent ? Lui demandent-elle.

-Oui princesse.

-Choisis-en une paire, lui ordonne-t-elle tout en s'asseyant sur le petit banc appuyé contre le rayonnage.

L'homme parait perdu devant les nombreuses paires qui s'offrent à son choix. Du regard, il quémande une information sur la paire à choisir pour ne pas décevoir.

-Ne sois pas idiot, choisis celle que tu aimerais voir à mes pieds.

-Merci, répond l'homme heureux de la confiance qui lui est faite.

-Taille 36, rajoute la jeune femme impatiente.

Elle garde un visage impassible avec un mal de plus en plus grand à mesure qu'elle voit l'homme promener sa main tremblante devant les nombreuses paires de hauts talons. Sans cesse, son visage se tourne vers elle à la recherche d'une approbation, mais elle lutte contre son envie de rire pour garder les lèvres fermées sur ses émotions jusqu'à ce qu'il ose enfin lui présenter la paire qui lui plait le plus.

La boite posée sur les mains, il présente son choix avec une réelle dévotion. Elle ouvre la boite, laisse tomber le couvercle par terre et sourit à la découverte du choix de l'homme. Des escarpins en cuir marron avec des plateformes étudiées pour ramener les talons gigantesque à une hauteur de confort relatif pour les petits pieds qu'elle tend déjà vers lui.

-Tu as très bon goût, mais il faut essayer.

Un sourire énorme apparait sur le visage de l'homme, d'une oreille à l'autre, il n'est que bonheur en entendant la jeune fille lui dire les mots qu'il espérait entendre. Avec une infinie délicatesse, il défait les lacets de la paire de baskets démodés qu'il ote avec une douceur qui laisse stupéfaite la vendeuse qu'il ne voit pas survenir derrière lui.

Seul l'attitude de fierté de Maryia l'informe de la présence d'une tierce personne dans leur zone de jeu. Le pouce en l'air, elle sourit de toutes ses dents à la vendeuse qui secoue la tête d'incompréhension devant le spectacle de cet homme agenouillé devant une gamine qui pourrait être sa fille. Lancé et tellement pris par le plaisir obtenu par l'instant, l'homme continue son action. Les chaussures de sport posées sur le sol, il va pour glisser les beaux escarpins qu'il a choisis sur les petits pieds de sa nouvelle princesse.

-Tu ne veux pas me faire porter ça avec des chaussettes de sport. Ne sois pas idiot s'il te plait.

-Excusez-moi princesse, lui répond-il la tête basse.

Les chaussettes blanches glissent le long des petits pieds pour le plus grand plaisir de la jeune fille. Elle s'extasie à la vue du bonheur que ses petits pieds nus créés dans l'esprit du quarantenaire. Un enfant aurait moins de joie le matin de noël à la découverte de ses cadeaux sous le sapin. Elle place sa main sur sa bouche pour masquer son envie de rire à l'homme qui dépose un baiser sur chacun de ses pieds avant de le glisser dans les écrins de cuir qu'il a choisi comme étant digne d'être porté par la belle princesse.

Les deux souliers enfilés avec assez de douceur pour que la jeune Maryia n'ait pas pu se rendre compte qu'il lui mettait si elle ne l'avait pas regardé, elle tend les jambes droites devant elle pour un premier aperçu de son futur achat.

-Tu as du goût petit homme, lui dit-elle en se levant pour admirer le résultat en situation. Debout, elle tente les premiers pas au sommet de ces aiguilles immenses et remercie la bonne idée qu'elle a eu de s'entrainer la veille au soir.

-Lève-toi, lui dit-elle.

Heureuse, elle apprécie de voir le grand homme avec les yeux maintenant plus bas que les siens. Naturellement, elle avance vers les paires de sneakers, et en désigne deux avant de se tourner vers le rayon des sandales où elle saisit une paire qu'elle rajoute sur les deux boites que l'homme porte déjà derrière elle en la suivant jusqu'au petit banc au pied duquel l'attendent sagement les baskets démodées.

-Mais pourquoi voulez-vous essayer ces chaussures ? Demande l'homme en outrepassant sa timidité.

Maryia saisit la boite de la paire de chaussures à talon et de l'index désigne le prix affiché sur le code-barre, 115 francs. Et retirant son pied d'un des escarpins, elle l'agite devant le nez de l'homme sous le charme de ce précieux fétiche.

-Tu t'imagines que l'honneur que je te fais peut s'obtenir pour si peu ?

-Oh non princesse, mais me laisserez-vous m'en occuper plus après ?

-Bien sûr, je ne vais quand même pas les porter seule jusque chez moi.

Le visage s'illumine quand Maryia réalise qu'elle vient de franchir la limite que Danka lui a conseillé avec fermeté de ne jamais franchir. « Surtout ne jamais leur montrer où tu habites, et ne jamais les emmener chez toi, c'est la règle numéro une », la novice s'en veut mais comment craindre un homme qui caresse tes chaussettes en te remettant tes baskets. Le début de calvitie de l'homme au front large lui inspire une confiance accrue au passage à la caisse.

-314 francs, annonce la vendeuse à la caisse.

Maryia s'inquiète d'avoir dépassé mais l'homme ne dit rien et paye en souriant avant de la suivre sans un mot jusque sur le palier de son studio qu'elle n'ouvre qu'avec une certaine réticence.

-N'ayez crainte si c'est mal rangé, je peux le faire, lui promet l'homme.

-Sérieux ??

-Bien sûr.

 Et elle ouvre la porte toutes craintes disparues.

-Poses-y sur le lit, ordonne la jeune fille en se laissant tomber assise sur le lit.

 Curieux, l'homme laisse trainer son regard aux quatre coins de la pièce avec un air déçu qui n'échappe pas à la jeune princesse sans palais.

-Eh oui, le palais est petit, mais la princesse aux petits pieds est bien là. Occupe-t'en !

 Sur les mains, elle se pousse jusqu'à appuyer son dos contre la tête de lit de manière à laisser seulement dépasser ses pieds du rebord du matelas. Bien installée, elle laisse l'homme la déchausser pour prendre soin des petits pieds qu'elle veut bien mettre à sa disposition pendant qu'elle sort son téléphone portable.

-Non princesse, pas de photo.

-Abruti, tu crois que ce machin est capable de prendre des photos, lui crie la jeune fille énervée de s'entendre parler d'un ton si autoritaire par un gus comme ça.

-Et tu n'as rien à m'ordonner, encore moins chez moi, rajoute-t-elle en ramenant ses pieds contre ses fesses.

-Je suis désolé, je ne voulais pas vous vexer, implore l'homme en tendant les bras vers les pieds qui lui sont refusés. Pardonnez-moi s'il vous plait.

-J'étais prêt à te demander ton nom pour t'ajouter dans le répertoire, mais je crois que tu ne reviendras plus jamais si tu me parles comme ça.

-Je m'appelle Stéphane. Rajoutez-moi princesse, je vous promets que je ne recommencerais plus.

-Mouais, il faudra que tu me prouves ta sincérité.

-Je la prouverai, vous verrez, lui dit le dénommé Stéphane en saisissant du bout des doigts les orteils que la jeune fille soustrait immédiatement à la prise de l'homme.

-D'accord, alors prouves le moi en faisant mon ménage. Je te laisserai t'occuper de mes pieds après. Mais je te trouve quand même bien exigeant.

Stéphane va pour répondre, mais la main levé, Maryia lui intime de garder le silence.

L'éclosion.

Stéphane s'empare du balai et de l'éponge pour un nettoyage du studio qui l'occupe si peu de temps qu'il le termine avant la fin de la conversation téléphonique de Maryia. Il ne sait ni à qui elle parle, ni ce qu'elle raconte dans cette langue incompréhensible pour le pur biennois qu'il est, mais la manière dont elle se met à marcher autour de la pièce en agitant les bras en tous sens lui annonce une discussion animée.

La dispute semble profonde au vu du visage aux traits de plus en plus marqués à mesure de l'avance de la conversation. Visiblement énervée, elle inspire une certaine crainte à Stéphane qui ne sait plus quoi faire une fois son nettoyage terminé. Le regard suit les pieds de la jeune femme sans les lacher un moindre instant quand il sent qu'une occasion se présente de bien se faire voir de cette bienfaitrice.

C'est pour lui un signe du destin de se voir au domicile de cette jeune inconnue après plus de trois années. Trois années pendant lesquelles, les seuls contacts qu'il a eus avec des femmes, hors relations familiales, n'ont eu lieu que dans des magasins de chaussures sans qu'il n'arrive à aller plus loin que le ticket de caisse, et un vague merci, dans leur intimité.

Peut-être pourra-t-il aller plus loin avec elle ? Elle lui a déjà ouvert sa porte, peut-être ouvrira-t-elle son cœur à un homme aussi attentionné que lui.

Le nettoyage lui a permis de voir la pauvreté de cette jeune princesse et la nécessaire complémentarité qui est la leur. Partant de ce constat logique, il entend pousser l'avantage et lutte contre sa timidité maladive en prenant l'initiative à peine le téléphone balancé violemment sur le lit à la fin de l'échange animé que la jeune femme vient d'avoir.

-Princesse.

-Quoi ?

Sèche, Maryia l'interrompt sans la moindre diplomatie. Elle se demande encore quel fantasme à la con il va vouloir réaliser et désespère de pouvoir se trouver au calme après la longue leçon de morale que vient de lui délivre Danka.

-Je peux vous inviter à diner ?

« Soi-disant que je suis allé trop loin en le laissant rentrer chez moi, et tu vas me dire quoi si je vais au restaurant avec lui ? », Elle sourit en pensant au pied de nez qu'elle lance à travers les airs à la moralisatrice Danka, qui à peine plus agée veut déjà jouer à la grande experte en tout.

-Oui, répond Maryia, mais n'espère rien obtenir de plus que ce que tu as déjà eu.

-Je n'espère rien, c'est juste pour vous faire plaisir.

-Tu es mignon, lance la princesse à l'homme qui galamment se plie pour enfiler la paire de basket aux pieds de sa jeune invitée.

-Mon sac, fait-elle en tendant le bras à la recherche des anses qu'il passe autour du membre offert.

Stéphane ouvre les portes devant la jeune princesse et pousse la galanterie à tirer la chaise qui accueille la jeune femme dans le restaurant le plus proche du domicile de sa compagne d'un soir. Heureux, il peut voir avec plaisir sa jeune interlocutrice s'ouvrir à lui.

Séduite par les attentions et la culture impressionnante de cet homme, elle est à deux doigts de craquer. Elle n'aurait pas vu Stéphane à genoux pour lui baiser les pieds, elle aurait craqué pour lui, mais ce n'est vraiment pas l'image qu'elle se fait d'un homme. Chez elle, l'homme est viril et dirige dans le couple.

« Que pourrais-je faire avec lui ? », elle ne sait pas et éprouve maintenant du remords à avoir pris son argent à cet homme aussi doux et prévenant. Elle aimerait lui dire quand le café arrive avec l'addition qu'il règle sans laisser un seul indice sur le total réglé.

Poliment, il la raccompagne jusque devant l'immeuble sans visiblement savoir comment se comporter avec elle. Il reste gauche et emprunté devant la jeune femme qui se sent mature face à cet homme apparemment si solide et sûr de lui en apparence.

-Je te remercie pour le moment, c'était vraiment agréable, lui dit-elle en déposant une simple bise à l'effet fulgurant sur la couleur des joues du quarantenaire intimidé.

-Merci princesse, bégaie Stéphane alors que Maryia lui tourne déjà le dos.

Bien qu'agréable, sa soirée la laisse vraiment perturbée. Elle a écourté le moment d'au revoir au bas de l'immeuble par peur de ne pas savoir quoi faire avec cet homme si agréable et intéressant qu'elle aurait bien voulue prolonger le moment pendant des heures.

Entre charme et répulsion, elle ne sait que penser de cet homme. Charismatique et intéressant dans le cadre du restaurant tout en pouvant être l'extrême opposé d'un homme dans le magasin de chaussures et l'appartement, elle ne comprend pas ce qui peut pousser ce brillant ingénieur à s'avilir lui-même au pied d'une femme qui pourrait être sa fille. Elle cherche longuement tout en admirant ses acquisitions du jour. La paire de sandales lui plait plus que tout avec ses lanières fines mais assez douces pour ne pas abimer la peau entre ses orteils. Elle les garde aux pieds toute la soirée avec l'espoir de voir une météo assez belle pour les porter le lendemain.

Un soleil radieux pour exhiber son nouveau cadeau à la face des prétentieuses de l'université, elle ne demande que ça et la conclusion d'une nouvelle affaire avec l'auteur d'un nouveau message de réponse à un des emails envoyés la veille. La proposition est faible mais cent francs reste cent francs et ce pouvoir d'achat nouveau la fait s'endormir avec un sourire aussi brillant que le soleil qui la surprend au réveil le jour d'après.

Heureuse de voir un soleil assez beau pour sortir sa jolie paire de sandales, elle irradie littéralement de bonheur après la lecture de sa messagerie avant de partir. Le nouveau fétichiste lui confirme leur rencontre du soir et Stéphane lui a envoyé un petit poème magnifique. Il est vraiment mignon pense la jeune femme tout au long du trajet qui la mène avec un nouvel état d'esprit face aux autres étudiants.

Ses sandales neuves et la petite robe intemporelle qu'elle a choisie masquent toute différence entre elle et les autres filles avec tant de succès que d'autres filles de la classe viennent à lui parler avec gentillesse à la pause de milieu de matinée. La discussion ne mène pas très loin et se contente de rester polie quand l'annonce de sa nationalité refroidit ces jeunes soi-disant ouvert sur le monde. Tolérant et à l'esprit large, il semble que la largeur n'atteigne pas Serbie et Russie pour cette jeunesse victime des caricatures distribuées à longueur de temps par les médias. C

Ce drole de constat est confirmé à la jeune femme par une étudiante russe de la classe voisine. Elle lui raconte même l'histoire d'une professeure de russe qui s'est vu refusé un poste parce qu'elle était russe. Maryia a du mal à comprendre comment refuser un poste à la personne la mieux qualifiée pour une simple nationalité, mais que peut-elle attendre d'un pays où les femmes ne sont jugées que sur la qualité de pose de leurs faux-ongles et où les hommes lui envoie un message demandant à pouvoir lui lécher les pieds une nouvelle fois au cours de la matinée.

-Qu'en penses-tu ? Demande la jeune Maryia à Danka lors de la pause de midi après lui avoir montré le message et raconté dans le détail la soirée passée avec Stéphane.

-Je ne sais pas. Je n'ai jamais commis l'erreur d'en faire rentrer un chez moi, mais j'imagine qu'il pense pouvoir te draguer. Et je crois que ça ne te gênerait pas tant que ça, on dirait.

Maryia sourit en tombant le regard sur ses pieds en entendant cette demi-vérité de la bouche de son amie. Fine psychologue, la grande brune a mis dans le mile avec cette déduction tombée droit des dires de la jeune aux joues rougies.

-J'aime bien l'idée, mais je ne peux pas embrasser un homme qui me lèche les pieds, c'est impossible. J'aime les hommes, les vrais. Tu ferais quoi ?

-Un de mes fétichistes a commencé à tomber amoureux et je l'ai viré. Je ne veux pas prendre le risque de me retrouver avec un déviant derrière moi. Un gars capable de te lécher les pieds par plaisir est capable du pire par amour. Méfies-toi de lui, il peut devenir dangereux.

-Tu as sans doute raison. Je vais en trouver d'autres pour jouer.

Les deux jeunes femmes se séparent sur ces mots pleins de sens et retournent dormir en cours chacune de leur côté. Le calme est dur à trouver dans cette salle de cours que le vibreur de son téléphone trouble toutes les demi-heures sous les rires de la blonde agressive.

-Le vieux Nokia fonctionne encore, c'est le high-tech de la Serbie qui se réveille.

-Arrêtes de parler, ton maquillage commence à se fendre !

Fière de sa répartie acérée, Maryia ne peut pas savourer sa victoire avec ce professeur qui l'invite à quitter le cours une heure avant la fin officielle en lui rappelant que son statut d'invitée étrangère ne l'autorise pas à perturber les cours. Elle proteste en arguant que la blonde l'a encore provoquée, mais rien n'y fait et c'est avec une heure d'avance qu'elle se retrouve à attendre l'homme aux cent francs près du port de Bienne.

Assise incognito sur un banc, elle se résout à rappeler Stéphane pour tuer le temps avant l'arrivée de son rendez-vous.

-Ne me rappelle plus la journée. J'ai des cours et ne veux pas être dérangée. Tu ne m'appelles que le soir et seulement si tu as quelque chose d'intéressant à me proposer.

Stéphane se lance dans des grandes justifications argumentés d'excuses plus plates que la plaine de Voïvodine et ennuie la jeune femme qui raccroche sèchement après avoir lancé sa dernière cartouche.

-N'oublie pas que tu n'es rien pour moi.

Le téléphone enfoui au fond de son sac, elle s'inquiète de ne pas en avoir trop dit avec cet homme qu'elle tend à soupçonner d'être aussi dangereux que Danka le lui a suggéré. Craintive, elle hésite à ressortir le téléphone de son sac quand il se remet à sonner à l'approche de l'heure du rendez-vous. Elle regarde l'écran à deux fois avant de répondre à son fétichiste du jour.

-Je suis sur la place, une veste bleue avec une boite de chocolat à la main.

« Des chocolats !! », Maryia s'étonne de ce geste, mais apprécie de pouvoir goûter la meilleure des spécialités locales. Surtout quand elle est offerte par un homme aussi beau que le seul homme qu'elle peut voir avec une veste bleue au milieu de la place. Elle lui fait signe pour se signaler et admire presque l'homme, à la démarche assurée, qui se dirige vers elle.

-Bonjour mademoiselle, je suis François. J'espère que vous aimez les chocolats, ils sont de l'usine où je travaille.

-C'est gentil, répond-elle en faisant tout autant référence aux chocolats qu'à l'appellation de mademoiselle.

-Où voulez-vous aller ?

Maryia fait un tour d'horizon à la recherche d'un endroit auquel elle aurait dû penser avant.

-Là-bas, au bout du mur.

Elle désigne l'extrémité lointaine de la jetée et s'y dirige sans laisser le moindre choix à son payeur attentionné.

-Tu sais que les chocolats ne te dispensent pas de ton autre cadeau, dit la jeune femme en présentant une main ouverte à l'homme qui marche à son côté.

-Oui, excusez-moi, j'allais oublier, fait-il en déposant une véritable liasse de billet dans la main offerte.

Surprise par le volume, Maryia apprécie de sentir le nombre de billets de dix francs. Ça lui rappelle son pays et les liasses incroyables de billets nécessaires à n'importe quel achat. L'équivalent de douze mille dinars serbes en main, elle vérifie le compte qu'elle fourre en rouleau au fond de son sac.

-Vous avez des jolis pieds mademoiselle.

-Merci, sourit Maryia en se demandant ce qui ne tourne pas rond chez ces bonhommes.

-Ici, on sera bien, lui annonce-t-elle en s'asseyant au pied du phare de signalisation de la sortie du port.

François tourne la tête pour s'assurer de la discrétion de l'endroit avant de s'agenouiller devant la jeune femme. Assise avec les jambes croisées devant elle, la jeune femme pose la boite de chocolat sur ses cuisses et commence la dégustation.

-Tu déguste et moi aussi, rigole la jeune gourmande en agitant ses orteils devant la bouche de l'homme affamé de jeune chair. Chacun ses sucreries !

A sa grande surprise, elle reste sans réponse de la part de l'homme agenouillé. Concentré sur les pieds offerts à son vice, il promène déjà ses lèvres entre les lanières de cuir. Sa langue rose sort de la sa bouche pour errer entre les orteils qu'il écarte sans la moindre gêne. En terrain conquis, il choque la jeune femme qui porte le regard au loin pour ne pas voir la scène immonde de cet homme à la langue vite noircie. Salies par une journée à se promener dans les bâtiments de l'université comme sur la place en gravier, c'est une couche de poussière qu'il dévore avidement pour le plus grand déplaisir de Maryia.

Ecoeurée, elle laisse la boite de chocolat sur le sol et maintient son attention sur les mouvements des petits voiliers qui tirent des bords entre les bus flottants des services de transports en commun du lac. Ces gros bateaux sont la curiosité de la jeune serbe. Habituée aux vieux bus hérités du passé, elle garde un émerveillement d'enfant en voyant ce service régulier assuré entre les villes et les lacs de Bienne et Neuchâtel.

« Je ferais bien une petite balade dessus un de ces week-ends », elle pense déjà à Danka pour l'accompagner dessus à moins qu'un homme sympa veuille bien lui offrir ce petit tour à plus de cinquante francs. Un homme un vrai avec qui elle pourrait rêver en posant sa tête sur son torse viril.

Un bel homme qui ressemblerait à ce François si joli au premier contact, mais sans dignité ni intérêt maintenant qu'il replace la sandale et se lève brusquement pour articuler quelques mots du bout de sa langue noire.

-Merci mademoiselle, à bientôt.

-Oui, euh, à bientôt, répond-elle surprise.

Quel genre de personne peut-il être ? Jeune, beau et arrivé avec une telle classe qu'elle se serait crue à un rendez-vous classique quand elle a reçu la boite de si bons chocolats. Il aurait presque tout pour plaire ce con. La déception la tient tout le temps que dure son trajet jusqu'à chez elle. Après un petit arrêt à la superette pour dépenser quelques-uns des petits billets jaunes que langue noire lui a offert et elle arrive chez elle pour trouver une belle surprise coincée entre la poignée et la porte.

Un énorme bouquet de roses rouges au milieu duquel trône une carte dorée avec un petit mot à l'intérieur.

« Quelques roses pour la plus belle de toutes les fleurs.

Votre dévoué Stéphane. »

La lecture de la signature laisse la jeune femme les bras ballants.

« Qu'est-ce que j'ai bien pu faire au bon dieu ? Un cerveau qui tombe amoureux et un beau gosse au physique parfait pour qui seuls mes pieds existent ! ».

Un souffle de désespoir la caresse les pétales alors qu'elle se laisse tomber sans force sur le matelas du lit. Allongée sur le dos, elle garde le bouquet sur la poitrine avec les pétales à fleur du bout arrondi de son petit nez. Avec un cadeau aussi beau, elle sait maintenant qu'elle ne pourra pas laisser l'homme tomber dans l'oubli et elle n'en a plus le cœur avec un bouquet plus joli que tout ceux qu'elle a reçu jusqu'à ce jour. Ne sachant pas quoi dire à l'homme dans une vraie discussion, elle se contente d'un simple message de remerciement avant de sortir à la recherche d'un vase assez grand pour accueillir les belles fleurs.

Le budget est limité pour l'achat, mais après quelques errements, elle finit par trouver le précieux vase. Douteuse quant à la solidité du sac, elle est avec son bien contre la poitrine dans la grande rue piétonne quand elle aperçoit Stéphane au sortir d'une boutique de vêtements.

-Bonjour princesse, lui dit-il de sa voix douce.

-Bonjour Stéphane, merci pour les fleurs. Elles sont vraiment magnifiques.

-J'aurais su, je les aurais mises dans un vase.

Maryia ne sait pas quoi dire de plus et va pour écourter la rencontre quand il lui désigne la terrasse située sur la place centrale et lui propose un verre qu'elle n'arrive pas à refuser à l'homme aux manières aussi élégantes. A l'aise en la compagnie de l'homme affable, elle se risque à lui poser des questions intimes.

-Pourquoi es-tu célibataire ?

-Parce que je, …, je…

Visiblement gêné, il n'arrive pas à trouver une réponse valable à donner à la jeune femme qui sent qu'elle a touché un point sensible.

-En fait je m'en fous, le rassure-t-elle. Je ne compte pas te choisir comme homme.

-Je m'en doute, dis l'homme en baissant la tête avec un air triste.

-Ne sois pas triste, tu as plein de qualité. Tu as fait un ménage parfait et tu as des supers belles intentions. C'est rare de recevoir des jolies fleurs à l'improviste.

-Vous êtes gentille. Vous me laisseriez m'occuper encore de vos pieds maintenant.

-Si tu as l'argent…

-On va chez vous ?

-Non, refuse-t-elle catégoriquement.

-Alors chez moi, j'habite à cent mètres.

-Tu as combien ?

-Deux cent francs, ça vous suffira ?

-Ok, je te suis.

Stéphane se lève en même temps que Maryia qu'il guide vers la sortie en plaquant sa main contre les reins de la jeune femme qui écarte la main d'une tape sur le bras.

-Plus jamais ça, lui dit-elle d'une voix calme mais sèche comme le regard qu'elle lui jette. Je ne suis pas ta copine.

-Excusez-moi princesse. Je ne recommencerai plus.

-Tu te prends une baffe la prochaine fois.

Stéphane baisse la tête et reste silencieux jusqu'à leur arrivée devant la porte de son luxueux appartement.

Entrée dans un nouveau monde.

La porte poussée devant lui, Stéphane laisse galamment place à l'entrée de la jeune femme. Devant le galant homme, elle pénètre dans un appartement qui la laisse sans voix. Après le luxe vu chez le soumis de Danka, elle ne s'attendait pas à voir mieux, mais le grand espace ouvert sur l'étage qui la reçoit est un must en matière d'aménagement et de décoration intérieure.

-Tu as du goût, souligne la jeune femme en passant une main caressante sur les contours d'une horloge au désign ultra-moderne.

-Merci princesse, mais ce n'est pas moi. J'ai laissé le soin de tout faire à une grande décoratrice.

Maryia ravale sa salive en entendant qu'il a pu se permettre le luxe inutile de faire appel à une professionnelle pour décorer son intérieur.

-Vous êtes ici chez vous, rajoute Stéphane à l'intention de son invitée.

-Pas la peine de le dire, je le sais. Tu as un ordinateur ?

-Bien sûr princesse, par ici.

Dos courbé, il indique la porte à franchir pour trouver le bureau sur lequel est posé un portable flambant neuf.

-Allume-le pour moi !

Stéphane tape le mot de passe et laisse la place à la jeune femme qui s'installe derrière le clavier. Timide, il reste debout près du bureau sans lacher les jambes de Maryia du regard.

-Oui, tu peux maintenant.

Les lèvres de l'homme s'ouvrent sur un sourire enfantin. Il se laisse tomber sur le ventre pour profiter de ces pieds pour lesquels il a payés.

Vite, elle sent la langue s'appuyer avec de plus en plus de force contre le dessus de son pied que l'homme inspecte avec une grande attention. Occupée par la lecture des derniers messages reçus, Maryia manifeste un semblant d'intérêt pour l'homme allongé à ses pieds.

-Tu aimes ?

-Oui, est-ce que ça vous plait princesse ?

-Bien sûr que ça me plait, sinon je ne serais pas là.

Un grognement de satisfaction s'élève de sous le bureau. Maryia comprend un peu plus le plaisir de son petit jouet payeur. Il manque tellement de relation féminine qu'il s'imagine trouver un ersatz d'amour en se rabaissant. Quel drôle de personnage pour la petite serbe qui se rassure en passant une main heureuse sur les deux petits billets bleus que Stéphane a posé sur le bureau. Elle se promène sur le site de petites annonces en espérant trouver d'autres petits pigeons comme lui, des pigeons avec un intérieur si luxueux qu'il lui semble voir des murs entièrement tapissés de billets bleus. Elle se sent prise d'une grande inspiration en imaginant sa vie dans un luxe aussi beau.

-Qu'est-ce qui te plait quand tu me lèches les pieds ?

-Je me sens soumis à vous.

-Donc ce ne sont pas mes pieds qui te plaisent, c'est juste l'acte de soumission.

-Oui, c'est une manière d'exprimer ma nature, lui explique-t-il entre deux coups de langues experts sur les orteils offerts à sa gourmandise.

Elle ne prolonge pas l'interrogatoire et trouve une nouvelle source de réponse à ses questions en regardant l'historique de navigation au coin de l'écran de l'ordinateur. Le petit clic est l'ouverture sur un monde totalement inconnu de la jeune femme. Des mots nouveaux apparaissent, ballbusting, fouet, domina. Elle clique un des liens au hasard pour découvrir les pratiques étranges qui plaisent à ce visionneur de femmes qui pissent sur les hommes.

Ecoeurée, elle ferme la fenêtre et coupe l'ordinateur tout en jetant un regard honteux à celui qui suce goulument le plus gros de ses orteils. L'envie de vomir est dure à retenir, mais pour les deux cent francs, elle lutte afin de garder une contenance.

-Quelle est ta vraie recherche ?

-je veux vivre avec une femme comme vous.

-C'est-à-dire ?

-Être soumis au quotidien avec une femme qui, comme vous, sait apprécier d'avoir un homme à ses pieds.

« Quel con ! », ne peut s'empêcher de penser la jeune femme.

-Et pourquoi tu es divorcé ?

-Je ne suis pas divorcé princesse.

Maryia a du mal à croire ce qu'elle vient d'entendre. Elle qui vient d'une région où tout le monde est marié avant vingt-cinq ans pour les plus vieux des mariés.

-Pourquoi ?

-Je n'ai jamais eu de femme, répond l'homme en laissant tomber les pieds de la jeune femme sur le sol.

La tête fixé sur le sol, il est à deux doigts de pleurer quand les deux mains de la jeune compatissante relève sa tête pour la poser sur sa cuisse.

-Tu sais, ce n'est pas grave de ne jamais avoir eu de femme. C'est même très noble, ment-elle.

-Merci princesse.

-C'est romantique d'attendre la femme parfaite.

-Oui, je sais et je sais que c'est vous.

-Non, ce n'est pas possible. Je ne pourrai jamais t'aimer, tu dois le savoir.

-Je ne veux pas être aimé, je veux aimer.

Surprise d'entendre cette pensée incompréhensible, elle sourit à l'homme dont elle caresse les cheveux comme s'il ne s'agissait que d'un simple gentil toutou.

-Si c'est ça, je peux t'aider. Par contre, je ne veux pas que tu ailles voir d'autres filles. Si tu m'aimes moi. Tu m'aimes moi et moi seule.

-Oh oui princesse, merci.

Et il pose sa tête contre la cuisse de la jeune femme prête à recevoir son trop-plein d'amour avec le plaisir de se voir tapoter le crâne avec gentillesse.

-C'est bien, rallume l'ordinateur et continue avec mes pieds.

L'homme retombe vite sur le sol pour s'occuper de la seule partie d'un corps de femme qu'il touche avec bonheur pour la deuxième soirée de suite après des années de carence charnelle. Il se réjouit d'avoir choisi ce moment pour poster une annonce grace à laquelle il a pu trouver cette femme magnifique qui lui accorde une attention qu'il n'espérait plus depuis longtemps.

Occupé au ras du sol, la studieuse Maryia entreprend de s'instruire sur les tendances de ces hommes suisses apparemment aussi plus soucieux de leur argent que de leur dignité. Elle parcourt les pages psychologies sur ces besoins de domination de certains et découvrent que les avantages d'en avoir un à ses pieds dépassent de loin la gêne de subir quelques lèchouilles baveuses. Elle traine tant en longueur que l'homme finit par se lasser.

Absorbée par ses lectures, ce n'est que quand Stéphane sort la tête de sous le bureau qu'elle réalise qu'il vient d'arrêter et commence à rentrer d'elle-même dans le jeu voulu.

-Continue, je ne t'ai pas dit d'arrêter, lui ordonne-t-elle d'un ton si autoritaire qu'elle en aussi surprise que l'homme qui replonge au ras du sol sans la moindre discussion.

Les explications des psys la lassant, elle se tourne une nouvelle fois dans la lecture des annonces à tendances S&M pour y découvrir un détail immanquable pour la cartésienne qu'elle est. Les femmes proposant ces services de domination sont plus nombreuses que les hommes en demandant et ceci sans compter avec le plus grand nombre des demandeurs. Nul doute que la plupart ne veulent pas ébruiter que ce qui leur donne du plaisir est de se retrouver comme Stéphane avec la tête bloquée sans défense ni résistance par le pied nue de Maryia. Son sourire est encore plus grand et pathétique que celui qu'il arborait quand il n'avait qu'à promener sa langue à sa guise contre la peau sale des jeunes pieds. Elle presse contre la joue, en vrille la peau d'un mouvement tournant et repousse la tête du talon.

-Va te raser, tu grattes et c'est désagréable.

Stéphane sort à reculons de sous le bureau et tout en se grattant la joue, il part se donner un coup de rasoir pendant que Maryia dépose une annonce sur le site internet.

« Jeune dominatrice cherche soumis pour la servir et la subir. », elle ne met rien de plus et verra bien ce que lui proposeront les losers qui répondront sur sa messagerie.

L'annonce postée, Maryia se lance dans une visite de l'appartement. Elle découvre Stéphane occupé dans la salle de bains de l'étage. Torse nu devant la glace, il donne le dernier coup de lame sur ses joues quand elle le surprend. Les petites mains en avant, elle agrippe la toison que le singe arbore sur la poitrine et des deux mains arrache un cri à l'homme à la fourrure amputée d'une partie de son épaisseur.

-Tu enlèves tout ça aussi. C'est obligatoire si tu veux que je te laisse m'aimer.

Elle place un index coquin contre ses lèvres puis le descend contre la fermeture du pantalon en souriant d'un air mutin.

-ça aussi, je le veux lisse.

-Je, mais, je...

-Tu veux me revoir ?

-Oui princesse.

-Alors tu fais. Je vérifierai. Au revoir, lui lance-t-elle en le laissant bêtement seul devant son miroir.

Les sandales vite enfilées, elle retourne dans la rue avec l'esprit léger. Son nouveau pactole en poche, elle traverse la place centrale pour entrer dans le magasin qui marque le coin de la rue. Musique forte et grandes enseignes colorées accueille la jeune serbe dans ce temple de la mode à l'occidentale. Elle est loin des petites boutiques d'Uzice avec ces étalages remplis de plus de vêtements qu'elle n'en a jamais vu autrement que dans les grandes boutiques hors de prix de la capitale.

La main caresse tous les tissus débordant des penderies à la recherche d'une texture qui lui donne envie d'acheter. Elle cherche une douceur correspondant à sa nature, tendre et chaleureuse. Elle stoppe quand un toucher différent se fait sous le bout des doigts. Agréable et différent, un petit haut blanc l'attire autant qu'elle attire un des jeunes vendeurs.

Les cheveux rasés sur les côtés, un grand blond habillé aux couleurs du magasin vient proposer son aide à la jeune femme surprise de ne pas se voir adjoindre une vendeuse pour la conseiller. De par sa taille, c'est penché qu'il s'adresse à Maryia, et poliment la félicite pour le choix du haut qu'elle vient de faire.

D'abord flattée, elle place rapidement le haut contre la poitrine pour masquer le large décolleté qui offre la moitié de ses seins à la vue du pervers au regard insistant. Les yeux fuient la poitrine pour se porter sur les pieds de la petite brune.

-Vous avez des jolies sandales, lui dit le jeune dans le but de montrer qu'il ne cherchait pas à regarder les seins de la jeune cliente.

« Encore un, mais qu'est-ce qu'ils ont tous dans ce pays ? », se demande la jeune serbe.

-Merci, mais je vais me débrouiller seule.

Le jeune homme garde la tête baissée en direction du sol et prend congé poliment pour le plaisir de la cliente. L'habitude aidant, ce sont les moins chers des articles qu'elle sélectionne en priorité pour sortir avec un slim et le haut trouvé au début. Le sac en main, elle retourne ajouter ces trouvailles à son butin grandissant.

« Même si je n'ai pas de diplôme, je reviendrais avec la plus belle garde-robe de tout Uzice », se flatte la jeune en joignant ses mains implorantes devant la poitrine.

« Et ce n'est pas fini ! », se réjouit la princesse en découvrant déjà les premières réponses à l'annonce qu'elle a posté moins de deux heures plus tôt.

Après lecture des premiers, Maryia apprend qu'ils veulent tous servir et subir en la laissant faire des pratiques qu'ils énumèrent comme si c'était une simple prestataire de sévices avec toujours en fond le désir d'une humiliation qu'elle n'arrive pas à comprendre. Elle cherche en quoi ce peut être humiliant de se faire subir quelque chose que l'on a demandé dans un cadre discret, mais ce n'est pas spécialement un problème pour la jeune femme. Chacune des réponses est accompagnées d'une demande de son tarif. Il est juste la dernière à simplement proposer une vie quotidienne avec elle, une vie dans laquelle madame sera une princesse qui aura tout ce qu'elle voudra chaque jour. Celle-là lui plait beaucoup plus et elle va pour y répondre en priorité quand son regard s'arrête sur l'adresse de l'expéditeur.

-Le salaud, s'exclame-t-elle. Tu veux subir, éh bien, tu vas subir, parole de Maryia.

L'adresse ne trompe pas, Stéphane a envoyé une réponse à l'annonceuse inconnue après avoir promis qu'il ferait tout pour Maryia.

Trahie dans sa fierté, la jeune femme lit l'annonce à plusieurs reprises pour être certaine d'en avoir compris tout le sens. Elle ne veut pas se trouver à argumenter sur une erreur.

« Bel homme célibataire, je serais heureux de pouvoir devenir votre dévoué soumis dans une vie commune basée entièrement sur vos désirs et envies. Je suis prêt à subir toutes les punitions et humiliations possibles qui vous feraient plaisir si cela me permet de vous servir au quotidien. Je me prosterne à vos pieds que j'embrasse avec amour ».

L'annonce et les envies sont claires pour la jeune femme. Il aura tout ce qu'il demande, et au centuple le salaud. Elle répond par deux tous petits mots :

« J'arrive ! ».

Colère productive.

Le rouge au front, il ne lui faut pas longtemps pour rejoindre le centre-ville et encore moins pour gravir les étages jusqu'à atteindre la sonnette de l'appartement du coureur de petons. La main posée sur le judas, elle reste incognito jusqu'à l'ouverture de la porte qu'elle envoie claquer contre le mur sous le regard stupéfait de Stéphane.

-Qu'avez-vous princesse ?

Maryia referme la porte du talon et l'index menaçant posé contre la poitrine de l'homme, elle commence à l'invectiver.

-Qu'est-ce que j'ai ? Tu te fous de ma gueule et tu me demandes ce que j'ai.

-Mais je n'oserais jamais me moquer de vous.

Une gifle stoppe la tentative d'explication.

-Suis-moi !

L'air terrifié par la rage de Maryia, Stéphane baisse la tête et suis craintivement la jeune femme qui traverse l'appartement pour se rendre dans le bureau où elle prend place devant l'ordinateur.

-Tu n'as pas lu tes derniers mails ?

-Non princesse.

-On va les lire ensemble.

-C'est privé, vous ne pouvez pas.

-Ah, je ne peux pas, fait la jeune femme alors que l'homme se penche en direction de l'ordinateur.

Elle se relève avec une rapidité telle que l'instinct de Stéphane le pousse à reculer d'un pas. Le réflexe est bon, mais la distance n'est pas suffisante pour éviter la main droite de Maryia. La joue claque si fortement que le crâne résonne encore du coup quand la main de l'homme se plaque sur les cinq empreintes rouges qu'ont laissées les petits doigts sur le visage. Il n'aurait jamais cru qu'une femme si fine pouvait frapper aussi fort, et c'est avec encore plus de stupeur qu'il reçoit le petit pied de la jeune femme contre son entrejambe. Le souffle coupé, ses genoux lui enlèvent tout soutien pour le laisser choir sur les rotules aux pieds de le femme baffouée.

-Tu voulais être puni ! Tu vas l'être, je te le promets.

Les petits doigts saisissent la mâchoire de cette tête qu'elle place bien face à son visage. Maintenues en bouche de poisson par les ongles plantés en elles, les lèvres de l'homme ne laissent sortir que quelques plaintes incompréhensibles. Toujours sans comprendre, il évite de regarder le regard noir qui se délecte de sa peur visible.

-Hein, c'est bien ça. Tu veux une femme qui te punit, une femme qui t'humilie ?

Elle secoue elle-même la tête de Stéphane de haut en bas en signe d'acquiescement sans lui donner la possibilité de donner la réponse par lui-même.

-Alors tu vois ça, dit-elle en désignant l'ordinateur du doigt, c'est fini de faire n'importe quoi avec.

-Mais je ne fais pas n'importe quoi, se risque Stéphane s'attirant une nouvelle gifle retentissante.

-Au coin ! Lui crie Maryia.

Sur les genoux, la main posée sur la joue, il recule jusqu'au coin de la pièce.

-Retourne-toi, et mets les mains derrière la tête, ordonne la jeune avec une autorité la surprenant elle-même, sois logique.

-Oui princesse, répond l'homme en s'exécutant avec une obéissance qui dépasse toute la bassesse que Maryia aurait jamais cru possible.

-C'est quoi le mot de passe pour l'allumer ?

-Maison, répond l'homme sans réfléchir tant il est heureux de vivre ce qu'il rêve depuis longtemps.

Face au coin des murs, il arbore un sourire ineffaçable en vivant ce moment autrement que dans les fantasmes qu'il échafaudait devant son ordinateur lors de ses soirées de plaisirs solitaires.

«Enfin », il ne voit que ça jusqu'à ce que la petite voix lui annonce victorieuse.

-Ce n'est plus maison.

-Comment ça, riposte-t-il avec une volte-face qui le place face à la jeune femme hilare.

-Au coin, j'ai dit !!!

En un bond, Maryia se lève pour désigner sa place à un Stéphane qui reprend docilement la place que la jeune femme, qui le domine de par sa position, lui a assignée.

-Bien le chien ! Tu apprends vite. Si tu veux te servir de l'ordinateur maintenant, tu dois me demander l'autorisation. Et je déciderai si le motif est valable et surveillerai ce que tu fais dessus. Alors qu'est-ce qu'on dit à sa gentille princesse ?

-J'ai compris.

Maryia se redresse, lève la jambe et la repose sur la tête en appuyant de toute sa force.

-Non, ce n'est pas ça. Qu'est-ce qu'on dit à sa gentille princesse quand on est bien éduqué ?

-Euh, merci princesse, tente Stéphane avec une certaine appréhension de la sanction en cas d'erreur.

-C'est bien. Tu vois que tu peux comprendre des choses.

Consciente de la nécessité de récompenser l'élève doué, elle glisse le pied sur le corps de l'homme. La semelle frotte le long du col de chemise pour amener le pied contre la joue sur laquelle elle fait glisser sa peau avec lenteur jusqu'à sentir les lèvres toucher le bout de ses orteils.

-Je ne suis pas ingrate, tu peux faire un bisou. Il est gratuit celui-là.

Les lèvres se plient pour un baiser amoureux sur le petit pied qu'elle laisse sur son épaule après avoir reçu ce signe de soumission.

-Tu as fait ce que je t'ai dit de faire ?

-Oui princesse, répond fièrement l'homme agenouillé.

-Bien ! Tu me montreras ça dans ton salon, je t'y attendrai sur le canapé, et en même temps, tu m'amèneras un jus de fruit.

-Bien princesse, opine-t-il de la tête avec joie.

Heureux de voir son jeu rêvé se dérouler en vrai, il attend que les petits pas ne soient plus audibles pour partir à la recherche du verre demandé. Hésitant sur le parfum, c'est le classique jus d'orange qu'il porte à la jeune femme confortablement installé sur le canapé. La télévision allumée sur MTV, elle est allongée sur le flanc. Un coude sur l'accoudoir, les jambes pliées sur l'assise, elle joue négligemment avec des téléphones quand il lui tend le verre. Invisible, il se résout à le poser sur la table en attendant qu'elle ait fini de jouer, mais elle lui fait tenir la position qu'il lâche quand il s'aperçoit que le smartphone sur lequel se promènent les petits doigts est le sien.

-C'est mon téléphone, s'exclame l'homme.

-Non, rigole Maryia. Le tien est là !

Du bout des doigts, elle lui montre l'antique Nokia.

-Mais c'est le votre.

-Non, c'est ta carte SIM qui est dedans. Donc, il est à toi. Considères le comme un cadeau de ma part. Tu peux me remercier.

-Mais ce n'est pas juste.

-Tu étais d'accord pour que je gère ton internet.

-Non, euh si, se rattrape Stéphane au dernier moment.

-Donc tu peux me remercier. Grace à ce téléphone, tu ne pourras pas aller sur internet en cachette.

-Merci Princesse, répond l'arnaqué à contre-cœur.

Elle sourit de cette victoire facile et voit déjà la récompense qu'il aimerait avec son regard insistant sur ses pieds.

-Tu veux encore embrasser mon pied petit gourmand ?

-Non, euh oui, mais vous allez tâcher le cuir avec vos sandales.

-Enlèves les moi alors, c'est cadeau.

Stéphane se glisse sur les genoux devant les pieds qu'il défait des lanières de cuir pour enlever les fines sandales qu'il pose délicatement sur le sol avant d'embrasser un pied qui l'envoie par terre d'une forte claque sur le front.

-Mais princesse, gémit l'homme à terre.

-Je t'ai dit de me déchausser, pas de faire le pervers. Tu as répondu à une annonce en disant vouloir te faire punir et dominer, tu vas avoir tout ça. Et au centuple, je te le promets mon petit mignon.

-Merci princesse, vous êtes une bénédiction, dit-il avec une sincérité visible dans la voix.

-Va à côté de la télé, et déshabille-toi. Je veux voir ce que ça donne, lance négligemment Maryia tout en reprenant son activité sur son nouveau smartphone.

Tourné vers le mur, Stéphane se dévêt lentement. Il prend le temps de plier soigneusement les vêtements avant de les déposer en pile sur le bord du meuble de télévision.

Maryia se retient de sourire alors qu'elle observe du coin de l'œil son jouet timide. Elle se tourne enfin franchement vers lui quand il s'offre nu comme un ver avec les mains croisées plaquées devant son sexe. Maryia rigole et continue de jouer avec le smartphone en lui ordonnant de lui dévoiler les parties cachées.

-Main sur la tête et à genoux, vite !

Stéphane s'exécute sans l'ombre d'une hésitation pour le plus grand plaisir de la jeune fille rigolarde.

-Je ne vois pas ce que tu cherchais à cacher, il n'y a rien entre ces jambes. Viens me remettre mes sandales, j'ai reçu un message. Il faut que je parte.

Alors qu'il se lève, elle se voit obligé de le reprendre.

-Reste sur les genoux. Ça te va mieux et je pense que sauf indication contraire, tu seras toujours comme ça devant moi. Tu comprends ?

-Oui princesse, c'est naturel. Mais restez, s'il vous plait. Je peux vous préparer la chambre d'ami.

-D'abord, je ne suis pas ton ami. Je suis ta princesse. Ensuite, est-ce qu'une princesse dort dans une chambre d'ami ?

-Non princesse. Quand revenez-vous ?

-Quand j'aurai envie. Alors, à toi de me donner envie de revenir.

-Je suis sûr d'y arriver. Nous sommes au début d'une belle et longue histoire. Je vous le promets princesse, vous ne pourrez plus vous passer de moi.

-J'en suis certaine, rigole Maryia en louchant sur le micro-pénis visiblement tendu à l'extrême. Je comprends pourquoi tu ne reçois jamais de femme avec ça. Mon clitoris est plus grand.

-C'est vrai princesse ?

-Oui, mais tu ne le verras pas. Au revoir petite bite, lui lance-t-elle comme dernière parole avec une petite caresse amicale sur le dessus du crâne comme au revoir.

En terrain conquis dans ce logement, elle ne prend même pas la peine de fermer la porte derrière elle. Une princesse se donnerait-elle le mal de fermer elle-même la porte de son palais ?

Non, car elle est maintenant la princesse de la ville qui traverse son royaume en direction de son trône au bout de cette jetée, où elle a envoyé un nouveau loser l'attendre avec de jolis petits billets.

Diversité des jeux.

A son arrivée au bord du lac, Maryia a la désagréable surprise de découvrir de nombreux couple répartis tout au long de la jetée. Elle ne saurait leur en vouloir tant le coucher de soleil se fait magnifique sur le lac avec la presqu'ile saint jean qui se découpe au loin dans le rougeoiement des dernières lueurs du jour. Elle envie les femmes qui profitent du soleil en compagnie de vrais mecs quand elle passe à côté de tous ces mignons petits couples en se rendant vers le seul homme isolé présent près de l'extrémité de la jetée.

-Tu es Christophe, lui demande-t-elle en s'arrêtant devant lui.

-Oui, maitresse Maryia.

« Maitresse, bon ben en voilà un qui a déjà son scénario de construit dans la tête », je vais voir ce que je peux en faire.

-Tu veux du ballbusting, c'est ça.

-Oui maitresse, punissez-moi.

« Mais quel débile », pense la jeune femme malgré le sourire qu'elle arrive à afficher à la découverte des deux billets bleus que le trentenaire lui tend.

-Bien, à genoux !

-Quoi, ici ?

-Oui ici.

-Mais je ne peux pas, il y a du monde.

-Tu es sûr que tu ne peux pas ?

Elle pose la question avec son petit scénario qui se construit gentiment dans son esprit. Les yeux plantés sur le visage de l'homme inquiet de se voir vivre son fantasme devant des témoins, elle sourit et envoie sa jambe droite claquée entre les jambes de son client qui s'écroule sur les genoux.

-Ben tu vois que tu peux.

Le souffle coupé, l'homme agenouillé ne parvient pas à répondre le moindre mot à la jeune qui le domine dans tous les sens du terme.

-Maintenant que tu es à la bonne hauteur, tu fais bisous le pied.

Les mains bloquées sur ses parties, le rampant embrasse froidement le pied qu'elle tend sous la bouche grimaçante avant de répéter l'opération sur le deuxième pied.

-Et qu'est-ce qu'on dit à sa maitresse ?

-Merci maitresse, articule l'homme avec difficulté.

-C'est bien le chien.

Elle se penche pour passer ses doigts dans la chevelure de l'homme heureux de la caresse tendre qu'elle lui prodigue. Il laisse s'échapper un petit grognement de plaisir que la maitresse interprète comme le moment de refermer le poing sur les cheveux qu'elle tire de toutes ses forces vers le ciel jusqu'à ce que les cuisses de l'homme soient bien tendues.

-Ne bouge plus. Hop, fais le beau !

Christophe lève les bras et regarde avec interrogation la jeune maitresse qui sourit en lançant une petite phrase au couple qui passe auprès d'eux.

-Il faut bien les dresser si on veut qu'ils soient des hommes bien.

Les deux amoureux sourient de la remarque intelligente et continue leur chemin sans chercher à voir plus du spectacle à venir. Maitresse de cérémonie, Maryia profite de la distraction offerte par le passage du couple de promeneur pour balancer deux coups de pieds à l'homme qui s'effondre si vite que le deuxième coup s'écrase sur son nez.

-Idiot, tu m'a fait mal au pied.

La maitresse crie sur l'homme effondré qu'elle gratifie d'un autre coup du talon sur le dessus du crâne qu'elle envoie résonner contre le sol.

« Oups !! » s'inquiète la jeune femme prête à revenir à de meilleures intentions quand l'homme se redresse pour ouvrir la bouche au milieu du flot de sang jaillissant par ses deux narines.

« Qu'ai-je fait ? », se demande la douce jeune femme en voyant le résultat de son travail. Prête à s'enfuir pour ne pas subir une vengeance réflexe, elle perd tous ses moyens à l'écoute de l'homme blessé.

-Merci maitresse, c'était génial. Est-ce que je peux vous recontacter une autre fois ?

Bras ballant, la jeune femme attend de recouvrer pleinement ses moyens pour donner une réponse valable.

-Bien sûr, tu connais le tarif.

L'entendre remercier après avoir payé pour recevoir cette blessure fait disparaitre toute la pitié naissante qu'elle était prête à avoir pour l'homme au visage ensanglanté. De bonté, son regard s'emplit de mépris quand elle se retourne pour quitter ce maso sans aucune virilité.

« Quel homme peut se considérer Homme après avoir payé pour ça ? ».

Pour la première fois de sa vie, elle a usé de violence et a été payé pour ça. Cette situation l'intrigue au plus haut niveau, mais ce qui va la taraudé toute la nuit au point de l'empêcher de trouver le sommeil est la facilité avec laquelle elle a pu le frapper et y trouver quelque chose. Toujours peureuse à l'idée de devoir un jour user la violence, la jeune pacifiste n'arrive pas à comprendre la facilité avec laquelle sa gêne de frapper s'est mue en insensibilité voire en une sorte de plaisir indescriptible.

Elle doit savoir, elle doit comprendre, elle veut recommencer pour être sûr de son ressenti.

« Ai-je aimé ? Ai-je aimé ? Ai-je aimé ? ».

Troublée et sans sommeil, elle reste les nerfs à fleur de peau pendant la journée de cours suivante. Enfin vêtue à la mode locale, elle parade fièrement dans les couloirs de l'université avec le plaisir de voir les regards des étudiants se tourner autant vers elle que vers la blonde qui la dévisage de plus en plus méchamment. La guerre froide croit en intensité quand les mots suivent les regards à la sortie des cours.

Au bras de son copain, la blonde pavane en voyant la jeune Maryia passée devant elle sur le parvis de l'université.

-Elle a du sucer un paquet de bite pour se payer ça, la rom !

Maryia voit rouge en entendant l'insulte ultime. Elle aurait pu passer sur le pompage de bite, mais s'entendre comparée à une rom la met hors d'elle. Sans réfléchir, elle se rue sur la blonde qu'elle envoie voler au sol d'une bourrade en pleine poitrine. Les deux poings en avant, elle pousse la blonde en équilibre précaire sur ses talons de douze centimètres et se laisse tomber sur elle les griffes en avant. Une première touffe de cheveux est arrachée de la tête de la crâneuse quand son petit copain retire sans peine la frêle Maryia de sur la malheureuse blonde. La suisse a les larmes aux yeux et tente de se relever pour aider son homme que la jeune serbe force à plier par une série de coups dans les parties. La jeune blonde et son copain tous deux sur le sol sous les regards interdits de la foule d'étudiants curieux se collent l'un contre l'autre devant la jeune furie.

-C'est bon, c'est compris, lancent-ils à Maryia.

Les surplombant de toute sa grandeur, la jeune serbe jette le pied contre le visage de sa victime et lui assène un coup aussi surprenant que la raison de l'attaque.

-Je ne suis pas rom. Je suis serbe.

-Oui, tu es serbe, confirme la voix tremblante de la jeune suisse allongée avec les avant-bras placés en protection devant le visage.

-Viens avec moi, ordonne une voix féminine en empoignant le bras de la victorieuse Maryia.

Surprise, elle découvre Danka qui l'entraine à l'écart de l'attroupement créé par la rixe dans cette ville peu habituée aux démonstrations de violence.

-Tu es complètement malade !

-Elle m'a pris pour une rom cette conne !

-Ce n'est pas une raison, on est en Suisse ici.

-Ta gueule, laisse-moi vivre ma vie comme je l'entends. Tu es juste jalouse, jalouse, termine Maryia en quittant son amie sans autres explications.

Elle sourit tout le temps du trajet retour et son visage se transforme en un soleil de satisfaction une fois chez elle quand elle découvre tous les nouveaux messages reçus en réponse à son annonce. Heureuse, elle se voit déjà sous une pluie de beaux billets bleus avec toutes ces propositions pour le week-end. Même « gueule en sang » d'hier l'a déjà recontacté, tout comme essaie de le faire Stéphane avec un SMS toutes les dix minutes depuis qu'elle est rentrée.

La princesse devient reine.

La sonnerie du téléphone annonce un désespoir de Stéphane qui ravit la jeune princesse. Encore un ou deux messages et il sera au fond du gouffre qui le rendra intéressant et utile à la jeune femme. En attendant cette nouvelle victoire, elle répond déjà à toutes les propositions intéressantes qui lui sont faites. Devant le nombre, elle se voit contrainte de faire un tri et la perspective de posséder la plus belle garde-robe d'Uzice la guide en la faisant privilégier les réponses chiffrées, bien qu'une hésitation la saisisse pour un homme sans offre d'argent, mais avec un désir identique à celui de Stéphane. Une mise en attente polie lui est envoyée avec une justification arguant d'un emploi du temps la forçant à privilégier des soumis peut-être moins intéressant pour le jeu, mais elle a besoin de pouvoir faire du shopping, comme elle le lui explique avec tant de soin et de tact.

L'homme intéressé ne perd pas de temps à réfléchir et envoie son numéro ainsi que la proposition d'offrir une séance shopping à la princesse contre un moment d'intimité à ses pieds. Maryia s'inquiète un peu de la notion d'intimité et annonce s'accorder un temps de réflexion qui ne peut qu'être rentable au vu des messages envoyés sur son téléphone par Stéphane.

De « Princesse, pouvez-vous m'autoriser à aller sur internet ? », le désespoir de l'addict à internet a évolué pour donner un dernier message plus intéressant pour la jeune femme avec une proposition de deux billets bleus pour pouvoir aller visiter sa messagerie. C'est une base financière intéressante qui la motive à l'appeler.

-J'arrive, tu m'attends nu sur les genoux derrière la porte d'entrée.

-Me…

L'homme n'a pas le temps de répondre que la jeune femme a déjà raccroché en refermant la porte de son minuscule studio. Maintenant que des valeurs commencent à y résider, elle ne voudrait pas attirer les voleurs dans ce qu'elle voit comme son petit coffre-fort.

L'esprit léger, elle trottine en direction de la place centrale à la recherche de deux nouveaux petits bleus à rajouter dans son trésor de guerre. Elle n'y va que pour ça et ne cache pas cette seule motivation à l'ouverture de la porte de l'appartement de son jouet.

Obéissant, Stéphane est bien sur les genoux derrière la porte qu'elle franchit sans se presser. Elle ne la referme pas et stoppe devant son jouet avec la main tendue dans sa direction. Secrètement, elle espère le regard indiscret d'un voisin sur le palier pour la plus grande honte de l'homme aux yeux remplis d'inquiétude, mais rien ne vient accroitre son plaisir de recevoir le doux papier sur la paume ouverte de sa main.

Les billets reçus, elle adresse enfin la parole au dévoué donateur et le remercie pour son offrande d'une caresse sur la joue qui le fait rougir aussi sûrement que le dépôt de cette offrande contre son cœur. La main glisse dans le décolleté pour lever le sein sous lequel elle place le don de l'homme heureux de se voir honoré ainsi.

-Comme ça, tu seras près de mon cœur. Tu es content ?

-Oui princesse.

-Alors fais le bisou, lui conseille-t-elle en tendant son pied dans la direction de l'homme qui tombe sur les mains pour baiser ce si joli petit pied.

Les lèvres s'apprêtent à voler un deuxième baiser au pied qui se retire brusquement.

-Je ne suis pas venu pour ça. C'est pour internet que tu m'as fait une offrande, pas pour ça. J'ai déjà été trop généreuse en t'offrant une belle vue sur mon décolleté et un bisou cadeau.

La tête l'homme reste contre le sol, moins par humilité que pour le plaisir voyeur d'observer le plus longtemps possible ce pied qu'il a la chance de pouvoir voir et embrasser dans sa propre demeure. Les orteils se plient joliment quand elle part en direction du bureau pour lui offrir ce pour quoi il a payé. A quatre pattes, il suit les mouvements du pied en détaillant la souplesse de la cheville fine qui supporte le corps gracile de sa généreuse princesse. A sa place au ras du sol, il rentre directement sous le bureau quand elle lui désigne le sol du doigt après s'être confortablement assise.

-Voilà, c'est connecté, lui annonce-t-elle en remontrant le sol de l'index alors qu'il fait montre de vouloir sortir de sous le meuble.

-Quel est le mot de passe de ta messagerie ?

-C'est privé princesse.

-Tu ne veux plus devenir mon petit amour ?

-Si princesse.

-Alors si je te laisse m'aimer, tu dois comprendre que tu n'as pas à avoir de secret pour moi.

-Mais princesse…

-D'accord, si tu veux, je m'en vais et tu ne me reverras jamais, comme tu ne reverras plus jamais aucune femme, laisse tomber la jeune femme en promenant la semelle de ses sandales sur le micro-pénis. Je dois être la seule assez généreuse pour te laisser la cotoyer avec une nouille aussi ridicule.

   Et elle joint le geste à la parole en se levant de la chaise.

-Que faites-vous princesse ?

-Je m'en vais, adieu.

   A ces mots, le cœur de l'homme l'envoie bondir hors de sous la table. Les bras en avant, il saisit les chevilles de la jeune femme qu'il manque de faire chuter et baise les pieds avec ferveur.

-Non, par pitié, ne partez pas. Je vous aime, je vous aime princesse.

-hola, doucement, lui crie la jeune femme en donnant un violent coup de talon pour se défaire des bras de l'homme allongé à ses pieds.

-Je vous promets que je vous aime, je ferai tout pour vous.

-D'accord, alors prouve le moi !

-Mon code est gynarchiste, avoue-t-il.

-Tu vois que tu progresses, peut-être qu'un jour, tu deviendras un bon petit homme à marier.

Un couinement de bonheur sort de la bouche de Stéphane en entendant cette possibilité évoquée de la bouche même de la femme parfaite qu'il regarde s'asseoir sur sa chaise, dans son bureau, dans son appartement. Les doigts pianotent rapidement sur le clavier quelques centimètres au-dessus de sa tête pour finalement dévoiler sa nature profonde à la jeune princesse. Un cri de stupeur descend de la bouche de la jeune femme à la découverte de tous les messages présents sur la messagerie.

-Espèce de menteur, la moitié des messages viennent du site de petites annonces. Tu n'es pas capable d'être fidèle ?

-Si princesse, mais ce sont des vieilles réponses. Je ne vous connaissais pas encore.

Le pied droit de la jeune femme se lève pour retomber à toute vitesse sur le visage de l'homme qu'elle contraint au silence.

-Ta gueule !

Un grognement inintelligible répond à la violence de son geste pendant qu'elle entreprend de lire et supprimer tous les messages venant de correspondant du site d'annonces en ligne.

La pression de la semelle se relâche après quelques messages pour laisser enfin l'homme prendre la parole le temps d'une réponse.

-Tu es sincère quand tu écris vouloir vivre en esclave ?

-Oui princesse, et je serai le votre si vous me le demandez.

-C'est bien, ta gueule, lui dit-elle en reprenant appui du pied sur la joue de l'homme. Je ne t'ai pas demandé de détails. A partir de maintenant, tu réponds par « oui princesse » quand je te pose une question. C'est compris ?

-Mwouui Pwinceeessee ! Grommelle l'homme au visage déformé sous le pied de la jeune femme.

-Bien, maintenant, tu peux visiter ta boite mail.

Et elle se lève pour laisser l'homme prendre place devant l'ordinateur. Surpris, il la voit sortir de la pièce en le laissant seul devant l'ordinateur.

-Vous ne me surveillez pas princesse ?

-Je reviens. Je vais faire le tour de l'appartement. Tu as le droit de me remercier, finit-elle avec un ton hautain.

-Merci princesse, répond Stéphane tout en se plongeant dans la lecture des messages qu'elle a bien voulu lui laisser comme consultable.

Qu'elle visite pendant que lui peut enfin tourner sur internet sans la censure des ordinateurs de l'entreprise qui lui ont interdit tous les sites qu'il voulait visiter pendant sa journée de travail. Il clique et reclique à la recherche de ses favoris mais tous ont disparu. Elle ne lui a laissé que la météo et les sites de cartographie routière. Il tente un passage sur google pour relancer des recherches sur ses pages préférées, mais abandonne l'idée pour se concentrer sur la chance qu'elle lui offre d'enfin vivre son fantasme et décide de laisser le virtuel de côté pour donner une chance au réel de vraiment ressembler à ses rêves les plus profonds et inavouables.

Stéphane délaisse l'écran pour partir prudemment se lancer à la recherche de la jeune princesse. Il va pour fouiller l'étage quand un vacarme surprenant lui parvient de l'étage supérieur vers lequel il grimpe à toute allure au long de l'escalier. Inquiet de trouver la jeune femme victime d'une chute ou autre, son cœur bat la chamade et c'est avec une déception teinté de joie qu'il la découvre en pleine action dans sa propre chambre.

Devant la penderie, elle déploie toute son énergie à arracher tous les cintres de la penderie pour les envoyer rejoindre le contenu les tiroirs au contenu épars sur le sol.

-Mais que faites-vous princesse ?

-Est-ce que je t'ai autorisé à me questionner ?

-Non princesse, répond Stéphane en recevant la claque que la jeune femme lui donne en ponctuation de sa question.

-Tu vas emmener toutes tes affaires dans la chambre d'amis. Je vais prendre celle-là. Ça te va ?

-Oh oui princesse, répond Stéphane les yeux brillants de bonheur.

Sans attendre plus longtemps, il se saisit de toutes les affaires éparpillées sur le sol et les emmène sans le moindre soin jusque dans la pièce qu'elle lui a désigné comme étant leur nouvelle place. Sa princesse confortablement installée sur le lit, il s'active avec frénésie pour accomplir au plus vite le déménagement pendant que la jeune femme observe la pièce dans son ensemble avec l'air songeur.

-Esclave ! Crie la jeune femme à l'homme en pleine activité.

Heureux de s'entendre appeler comme il en rêve depuis des années dans ses fantasmes les plus fous.

-Oui princesse, répond l'esclave à genoux devant la jeune femme.

-Je vais m'en aller, mais je voulais te remercier de ta proposition à venir m'installer ici.

-Je...

Stéphane ne sait pas quoi dire à la jeune femme qu'il est heureux d'accueillir mais à qui il n'a jamais fait de proposition directe dans ce sens.

-Ne me remercie pas, lui dit-elle. J'aimerais que tu mettes un coup de peinture dans cette chambre et que tu me donnes un double de tes clés.

-Mes clés ?

-Oui, tu sais, ce machin en fer qu'on enfonce dans les serrures pour ouvrir les portes. T'es stupide ou tu te forces ?

-Oui bien sûr, lui répond l'homme pris au dépourvu.

-Et vite, je n'ai pas que ça à faire.

Les pas de l'homme pressé font trembler chacune des marches de l'escalier pour ne pas faire attendre la jeune princesse qu'il imagine avoir un emploi du temps tellement chargé qu'il s'estime heureux d'avoir pu lui accaparer cette toute petite heure. Une petite heure de bonheur en compagnie d'une femme jeune devant laquelle il peut se permettre de vivre son fantasme incompréhensible pour toutes les autres femmes qu'il peut croiser au quotidien, il lui est redevable au centuple de ce bonheur présent comme de celui à venir et il en est pleinement conscient quand il débarrasse sa chambre de tous les effets masculins après le départ de la princesse, de sa princesse.

« J'ai trouvé un super pigeon », envoie par SMS la jeune femme à son amie Danka qui la rappelle dès lecture du message pour une discussion plus que houleuse où leur amitié meurt aussi vite qu'elle est née avec ce pique douloureux que Danka porte à la jeune princesse.

-T'essaieras de descendre de ta tour d'ivoire pour revenir dans le monde réel où, tu vas l'apprendre certainement demain, tu es exclue de l'université pour un mois.

-Et alors, j'ai plus que le nécessaire ici, JALOUSE, assène Maryia à la jeune envieuse de son succès.

Déesse vénérée.

Exclue ? Pourquoi pas et c'est peut-être un bien, pense Maryia en imaginant tout l'argent qu'elle pourra gagner pendant ce mois sans contraintes autres que celles de trouver de nouvelles idées pour rabaisser des portefeuilles humains.

Un tour d'horizon lui donne la mesure de la médiocrité qui l'attend si elle reste dans cette université avec pour seul avenir la perspective d'occuper ce studio minable dans lequel elle se voit passer une dernière nuit avec la clé du magnifique appartement de Stéphane posé sur l'oreiller. C'est ainsi la première chose qu'elle peut voir au réveil quand le responsable du programme d'échange d'étudiants l'appelle à la première heure pour lui annoncer que toutes ses aides seront suspendues pendant le mois d'exclusion.

-Si vous parlez des pauvres mille francs, je saurai bien m'en passer, lui répond-elle avec une insolence qui perturbe le fonctionnaire suisse allemand habitué à un respect strict des convenances tout autant qu'idôlatre du moindre centime.

Elle lui raccroche au nez pour préparer son déménagement facile avec les deux simples sacs qu'elle parvient à remplir péniblement avec ses quelques rares possessions.

-C'est vraiment peu, constate la jeune femme en observant, les poings sur les hanches, les deux sacs loin d'être pleins.

« Je sais, je vais appeler monsieur shopping ! », trouve-t-elle comme solution à son problème de sacs à moitié vides. Son idée de jeu trouvé, elle contacte l'homme qui ne sera disponible que le lendemain, le samedi, et prépare sa mise en scène en vidant totalement le plus grand des deux sacs pour remplir l'autre qu'elle emmène avec elle dans sa nouvelle demeure.

   La clé rentre avec douceur dans la porte qu'elle ouvre avec un sourire aussi lumineux que la pièce à vivre éclairée par la grande baie vitrée. Le sac tombe sur le sol près de la porte d'entrée qu'elle laisse derrière elle avec ses chaussures qu'elle abandonne le long du chemin qui mène à SON bureau, non sans une gentille pensée pour l'heureux homme qui rangera tout comme il faut en rentrant du travail après un détour par les magasins.

« Tu penseras au pain et aussi à une bouteille de champagne, ta princesse ». Le message reçoit la réponse attendue avec un beau smiley exprimant tout le bonheur de l'homme heureux d'une compagnie féminine dans son appartement trop grand pour lui.

« C'est win-win comme arrangement » d'après la jeune femme qui contacte gueule en sang pour lui demander de venir comme il le lui a promis pour une nouvelle raclée. Cette fois, il annonce trois cent francs si elle le frappe pendant une demi-heure à coups de fouet.

Pas équipée du matériel, elle lui propose cent si il lui offre le matériel. Et il accepte de le faire pour un rendez-vous une heure après l'envoi du message. Elle profite d'un nouvel avantage de l'appartement et de sa grande baie vitrée. Avec la vue sur la place centrale, elle n'a même pas à sortir pour attendre. Elle se change tout en regardant par la fenêtre du coin de l'œil. Talons aiguilles et robes moulantes très courtes sont enfilées avec difficulté pour le rendez-vous avec « gueule en sang » qu'elle prend plaisir à faire attendre au milieu de la place avec son énorme pansement posé au milieu du visage. Elle rigole en voyant ce qu'elle a réussi à faire et continue de rire après l'avoir guidé jusque dans l'appartement qu'elle lui fait trouver en le guidant par téléphone.

-Je t'ai bien arrangé, lui dit-elle pour toute forme de salut à son arrivée devant la porte où elle l'attend les bras croisés sous la poitrine.

-Oui maitresse, je m'en tire avec le nez cassé et…

Et il n'a pas le temps de finir avec la gifle qu'elle lui balance en plein sur le pansement.

-Je me fous de ce que j'ai cassé, mais j'en suis fière. Grace à moi, tu es beaucoup plus joli. On voit moins ta sale gueule, se surprend-elle à lui dire.

-Vous êtes magnifique maitresse !

Une deuxième gifle part ramener un peu de couleur rouge au pansement qui orne le nez de l'homme. « Gueule en sang » justifie son appellation avec ce nouveau coup reçu de la jeune beauté qui le subjugue.

-Je sais que je suis magnifique. Alors ta gueule et suis-moi !

L'homme emboite ses pas dans ceux de la jeune femme qui stoppe naturellement pour lui rappeler les règles de bienséances.

-Chez moi, tu restes à quatre pattes.

Sans un mot, « gueule en sang » se laisse tomber sur le sol et suis les talons que la jeune femme fait claquer sur le carrelage. Son sac en plastique traine derrière son poignet jusqu'à ce qu'elle prenne place sur le canapé et veuille bien le laisser se redresser sur les genoux en face d'elle le temps de lui offrir ses présents.

Le sac sur les mains, l'homme garde les bras tendus devant sa tête basse dans une position de dévotion toute particulière qu'il veut parfaite pour celle qui lui offre ce qu'il rêve.

-Tu veux m'aimer, lui demande la jeune maitresse confortablement assise.

-Je vous aime déjà maitresse. Je suis prêt à tout endurer pour vous.

-Des paroles, des belles paroles, mais oseras-tu tenir si je sors de ton scénario.

-Oui, lui lance l'homme en la regardant droit dans les yeux en gage de sincérité.

Satisfaite, Maryia s'empare du sac qu'elle explore avec la joie d'y trouver un petit billet bleu qu'elle glisse dans son soutien-gorge en répétant l'opération de la veille. Elle a vu l'effet que cela faisait et recommence avec le même succès.

-Tu vois, comme ça même un soumis peut être près de mon cœur.

-Oh merci maitresse.

-Ta gueule, j'ai dit. Tu te mets dans le coin et tu te fous à poil !

-Oui maitresse, répond l'homme docilement en laissant le sac entre les mains de la jeune femme assise.

Curieuse, elle plonge une main dans le plastique pour en sortir un fouet en cuir dont elle étend sur le canapé la longue lanière douloureuse qu'elle caresse longuement du bout des doigts jusqu'au manche posé sur ses cuisses dénudées. Le noir du cuir l'hypnotise sur sa peau blanche et fine.

-Tu leur as dit quoi aux urgences ?

-Que j'étais tombé dans l'escalier maitresse.

Maryia sourit en entendant la piètre excuse qu'il a trouvée pour justifier son état. Elle ne dit rien et avance lentement jusqu'à surplomber de sa hauteur l'homme nu posé sur les genoux devant elle. Le fouet enroulé dans sa main, elle écarte les mains que l'homme tient devant ce sexe qu'elle découvre d'une taille si grosse qu'elle en aurait fait un autre usage si il avait été un homme, un vrai, au sens propre du terme.

-Embrasse celui qui va te faire souffrir, lui ordonne-t-elle en plaçant la fine lanière sous le pansement rouge de sang.

L'homme s'exécute avec un plaisir que son sexe ne parvient pas à contenir. Il savoure le moment et garde les yeux brillant d'un bonheur qu'elle fait disparaitre en une seule question.

-Tu leur diras quoi tout à l'heure ?

-Quoi à qui ? Répond l'homme qui ne comprend pas.

-Aux urgences quand tu y retourneras après que j'ai fini de jouer avec toi.

Un éclat de rire ponctue son affirmation en voyant le résultat dans le regard de l'homme qui se recule instinctivement. La peur dans le regard, il suit le mouvement du fouet levé au-dessus de lui. Sans mettre d'élan dans le geste, Maryia laisse tomber la lanière de cuir à plusieurs reprises pour donner le plus de chance à sa proie de recevoir vraiment le bout cinglant et non le large et moins douloureux ensemble du petit fouet d'un mètre cinquante. L'étalonnage fait par la jeune scientifique, l'homme rassuré par la gentillesse des premiers coups se voit gratifier d'une première attaque.

Le bout claque en passant le mur du son pour atterrir sur la longue piste qu'elle trace le long du bras qu'il a placé devant lui par réflexe de protection.

-Enlève tes bras ! Tu veux être fouetté, alors laisse-moi faire ! Et puis retourne-toi, ce sera mieux.

L'homme tourne lentement sur lui-même pour offrir son dos aux coups de sa maitresse. Le cou vrillé pour voir les coups arrivés, il subit les assauts suivants avec des cris trahissant une douleur croissant au rythme des lacérations de plus en plus profondes que la jeune femme s'amuse à creuser sur le dos zébré de larges cicatrices sanglantes. Elle joue à faire tomber l'extrémité de la lanière de cuir toujours dans la même rainure sur ce corps qui commence par ce tordre dans des convulsions agrémentés de cris inhumains qui disparaissent pour laisser place à un silence aussi inhumain quand il tombe inconscient sur le sol.

-Debout, crie Maryia à l'homme allongé.

« Gueule en sang » évolue tellement que son dos justifie maintenant son nom aussi. Elle continue à crier pour réveiller celui qu'elle pensait être un simple simulateur, mais l'immobilité du corps de l'homme finit par l'inquiéter à tel point qu'elle tombe sur les genoux à côté de la masse de chair inerte.

« Je l'ai tué, mon dieu », pense-t-elle en se signant. Ses doigts se promènent devant elle en une succession de signe de croix. Inquiète, elle se penche contre l'homme et l'oreille contre la bouche, elle se voit rassurée de sentir un souffle faible sortir encore de sa victime.

-Ouf, souffle-t-elle en réponse à ce signe de vie.

Maryia se relève soulagée de voir l'homme en vie, et avec la satisfaction du travail bien fait, elle prend place sur le canapé pour une séance télé bien confortablement installée le temps que l'homme au corps saccagé recouvre pleinement ses esprits. Les talons abandonnés sur le sol, elle enlève sa robe courte pour s'allonger sous une couverture devant la seule chaine serbe disponible sur le bouquet de Stéphane.

« Encore une chose qu'il devra améliorer s'il veut me plaire celui-là », décide la jeune serbe devant l'émission médiocre qu'elle ne regarde que pour le plaisir d'entendre des voix aux sonorités familières.

-Ta gueule !

Sans le vouloir, c'est le seul mot de réconfort qu'elle lance à l'homme qui commence à grogner de douleur aux premiers mouvements qu'il arrive à faire au prix d'effort inouï.

Le grognement diminue d'intensité pour seulement laisser quelques pleurs résonner. Par chance, les haut-parleurs de la télévision couvrent efficacement les gémissements de douleur pour la plus grande surprise de Stéphane heureux d'entendre enfin de la vie dans son appartement au retour du travail.

-Bonjour ma princesse, crie une voie joyeuse depuis la porte d'entrée.

-Tu as ramené ce que je t'avais commandé ?

-Bien sûr princesse, lui répond-il en se précipitant vers le canapé avec pain et champagne à la main.

-Mais….

Stéphane est stoppé net dans son élan à la découverte de l'homme en sang au coin du salon. Ses yeux naviguent entre l'homme, sa princesse et le fouet jeté sur le sol à côté de la paire de talons de la jeune femme.

-Quoi, mais ?

-C'est qui et pourquoi il est en sang ?

Gênée et craintive de la réaction de l'homme, Maryia perd un instant ses moyens et c'est en se forçant à ne pas quitter la télévision qu'elle organise sa pensée pour une réponse toute à son avantage.

-ça, dit-elle en montrant négligemment du doigt l'homme en train de se redresser sur les genoux, c'est un exemple.

-Comment ça, un exemple ?

-Si tu me trompes d'une manière ou d'une autre, tu finiras au minimum comme lui, tout simplement. Et maintenant, tais-toi, j'ai eu une dure journée, alors laisse-moi regarder la télévision au calme.

-Mais, je, oui princesse, finit enfin par dire Stéphane. Mais lui, que fait-il maintenant ?

-Tu as une chambre à repeindre alors tu le mets au travail avec toi. Je veux que demain soir, ce soit terminé. Compris « gueule en sang », apprend-elle à l'homme en sang qui acquiesce d'un mouvement de tête avant de rajouter à l'intention de Stéphane. C'est le petit nom que je lui ai trouvé, ça lui va bien, hein ?

-Oui princesse, vous avez visé juste.

-Et dans tous les sens du terme, s'esclaffe la jeune femme. Maintenant au boulot, j'ai besoin de calme.

Stéphane soutient les premiers pas de l'homme qu'il guide jusqu'à l'intérieur de la future chambre de la jeune femme dans laquelle « gueule en sang pénètre avec un respect impressionnant.

-C'est la chambre de maitresse ? Demande-t-il à Stéphane.

-Oui, ma princesse va dormir ici. C'est normal que l'on repeigne, non ?

-Oui, au travail, confirme Christophe en s'attaquant en étalant les premiers draps protecteurs avec une vigueur retrouvée à l'idée de rendre service à la jeune femme qui donne vie à ses rêves les plus fous.

Stéphane fait les allers et retours jusque dans le parking souterrain pour vider le coffre de sa voiture des pots de peinture achetés pour faire plaisir à la belle plante qui l'interpelle d'un geste à sa première remontée. Bras en l'air haut au-dessus du dossier du canapé, sa petite main se plie et un doigt désigne le bout du canapé vers lequel Stéphane se rend dans la seconde. Allongée, la belle brune tire la couverture à elle pour découvrir ses pieds nus qu'elle tend vers l'homme si obéissant.

-Je suis contente de toi. Tu peux faire bisou.

Les pots en main, l'homme se baisse pour un petit baiser déposé sur chacun des pieds qu'elle range directement après usage.

-Merci princesse, dit l'homme avec un réel bonheur dans la voix.

Maryia ne dit rien et retourne à la contemplation de sa chaine de télévision nationale sans accorder la moindre attention à son toutou qui part s'atteler à un travail qui se fait assez vite avec les deux paires de bras que la jeune femme part interrompre en plein labeur une fois que la faim commence à s'emparer d'elle. Sur le canapé, elle hésite un instant à sortir de sous la couverture par simple pudeur, Seulement en sous-vêtements, elle craint de se sentir en infériorité face à ses deux soumis quand elle se souvient que l'un a gouté à sa violence et que l'autre est totalement dévoué et a pu voir avec un regard effrayé ce qu'elle était capable de faire subir.

Un œil sur le fouet et elle sait comment rehausser encore plus son emprise sur les deux guignols qui s'amusent à travailler pour son bien. La couverture jeté sur le sol, elle enfile les hauts talons, ajuste son string et son soutien-gorge puis s'empare du fouet dont elle garde l'extrémité coincé contre le manche par une seule pression de l'index. L'arrondi du jouet cinglant frotte le sol quand la petite brune apparait dans l'encadrement de la porte de sa future chambre.

Le claquement des talons sur le sol arrête les deux hommes dans leur travail. Les deux visages se tournent vers la porte pour découvrir la jeune femme plus dénudé qu'ils n'auraient jamais espérée la voir un jour. Subjuguée, c'est en silence qu'ils se laissent tomber sur les genoux face à la beauté qui les observe. Elle détaille les attitudes et postures de chacun des hommes autour desquels elle tourne lentement avant de s'arrêter vers « gueule en sang ». Elle laisse la lanière du fouet parcourir le dos labouré avec un sourire de satisfaction.

-Je ne t'ai pas raté pour le coup.

-Oh oui maitresse.

-Ta gueule, j'ai faim. Tu vas aller m'acheter des fraises pour accompagner le champagne au dessert et toi tu vas me préparer une salade. Fais en assez pour trois portions. Et vite !

L'index relâche la lanière de cuir qu'elle fait claquer contre le sol pour accompagner son ordre d'une symbolique comme ils en veulent, et comme elle commence à l'apprécier, doit-elle s'avouer à elle-même. Les deux hommes s'éclipsent sans demander leur reste pour laisser à la jeune maitresse des lieux le temps d'apprécier à loisir la qualité du travail fourni.

« C'est qu'ils travaillent bien ces deux cons ! », juge-t-elle en cherchant une malfaçon suffisante pour les priver de tout compliment ou récompense.

« Et ils l'ont déjà eu en me voyant comme ça, leur récompense », conclue la jeune femme en passant devant le miroir du couloir devant lequel elle s'arrête le temps de rajuster le bonnet de son soutien-gorge. Toujours le fouet à la main, elle jette un œil rapide sur la préparation de la salade demandée avant d'aller visiter sa messagerie internet.

Tout ne pourrait être plus parfait pour la jeune femme qui valide un rendez-vous pour le lendemain après-midi avec monsieur shopping à qui elle promet une récompense en fonction de la somme dépensée pour elle dans les boutiques quand « gueule en sang revient avec une barquette de fraises bien rouges pour accompagner le champagne.

-Voilà pour vous maitresse, que puis-je faire d'autre ?

-Tu es en arrêt maladie ?

-Oui maitresse.

-Très bien, alors tu reviens demain matin pour finir la peinture.

-Mais pour ce soir, qu'est-ce que je peux faire ?

-Tu ne fais rien du tout, tu dégages et tu reviens demain. C'est quoi que tu ne comprends pas dans « demain » ?

-Mais, euh oui je comprends, se résout l'homme en reculant devant la femme qui fait mine de se lever en empoignant le manche du fouet posé sur le bureau.

-A demain maitresse, bonne soirée.

Egoïsme récompensé.

Les messages épluchés, Maryia rejoint la cuisine pour avaler son repas léger avec la désagréable surprise de voir deux assiettes sur la table.

-Pourquoi deux couverts ?

-Nous sommes deux, princesse.

-Non, je suis seule. Toi tu vas nettoyer les affaires que j'ai amenées. Elles sont dans le sac qui est là-bas et je les veux repasser demain matin à mon réveil. Tu as des questions ?

-Oui, j'ai deux requêtes à vous présenter pour ce week-end. Après-demain, j'ai une soirée prévue avec les collègues et j'aimerais vous présenter comme ma nouvelle compagne comme je voudrais le faire en invitant ma mère dimanche midi pour manger avec nous. Vous êtes d'accord ?

Maryia ne répond pas, elle cherche quel intérêt elle aurait à accepter cela.

-Tu me considères comme ta compagne ?

-Presque, nous vivons ensemble.

-D'accord, je serai ta compagne si tu me laisses gérer tout ton budget, et que bien entendu tu continues à me servir comme tu es bien parti pour le faire.

-Je veux bien, mais comment je fais pour l'argent si vous gérer.

-Je te donnerai de l'argent quand tu en auras besoin suivant la qualité de ton travail. Ça te va ?

-Oui princesse.

-Bien, alors va laver maintenant !

Le poing tendu, elle déplie les doigts dans un geste qui exprime clairement sa volonté de rester seule. L'homme obtempère sans rechigner et part s'occuper des vêtements de sa princesse avec l'esprit léger. Ce week-end, il pourra s'afficher avec une femme, enfin. Sa mère aura le plaisir de le voir en couple, en ménage comme elle aime à le dire à son fils qu'elle aurait certainement grand plaisir à le voir prendre tant de soin des vêtements qu'il admire un à un avant de les rentrer dans le lave-linge.

Maryia reste un long moment dans l'ombre à observer le manège de l'homme. Elle ne comprend pas vraiment le pourquoi du comportement de l'homme, mais est profondément émue par la ferveur avec laquelle il s'empare de chaque étole comme si elle était une relique divine. Un pouffement de rire trahit sa présence lorsqu'elle se retire sur le canapé pour une séance de vidage de cerveau télévisuel.

-Toutou, amène-moi les fraises et le champagne. Sur un plateau !!!

-C'est bien, lui dit la jeune femme heureuse de se faire servir dans la minute. Tu vas aller chercher ton portefeuille, j'en ai besoin pour ce soir.

Stéphane a un mouvement de recul en l'entendant demander, mais après ce qu'il lui a accordé plus tôt et ce qu'elle lui a promis de faire pour lui pendant le week-end, il ne se sent guère le courage de refuser la demande légitime.

Le verre à la main, elle attrape une fraise de temps à autre en attendant la pause publicité, qui se fait beaucoup plus rapide à venir qu'en Serbie, pendant laquelle elle s'attaque à la fouille du portefeuille énorme qu'il lui tend.

-Donc ça, ça et ça, c'est confisqué.

Les trois cartes bancaires finissent sur l'assise du canapé pour la laisser poursuivre sa fouille qui ne laisse subsister que les badges au nom de l'entreprise, le permis de conduire, un billet de dix francs et la carte grise de la voiture.

-Pourquoi tu ne m'as pas dit que tu avais une Mercedes, c'est jolie comme voiture.

-Vous ne m'aviez pas demandé.

-Et avec tes dix francs, tu prendras aussi le pain pour demain soir.

-Oui princesse. Mais pour le repas ?

-En tant que ta « compagne », je t'ai préparé un tupperware sur la table de la cuisine.

-Oh, c'est gentil à vous princesse.

-Maintenant file préparer le lit de la chambre d'amis. Tu changes les draps vu que la chambre est encore en travaux.

-Oh oui, répond Stéphane avec un grand sourire.

Elle le rejoint à peine le lit terminé. Changée, elle porte un simple pyjama pour dormir dans ce grand lit. Sous la couette, elle s'étend à loisir sous les yeux émerveillés de l'homme heureux de partager sa couche avec femme aussi belle. Il se déshabille vite sous les yeux de la femme une nouvelle fois hilare à la vue de son micropénis.

-Franchement, ça devrait être interdit. J'ai clitoris deux fois plus gros. Et d'abord, qu'est-ce que tu fais ? Toi, tu dors sur le canapé, pas avec moi.

-Je croyais que, enfin en tout honneur.

-Pas besoin d'honneur avec ce que t'as entre les pattes, tu ne pourrais même pas me pénétrer. C'est juste que j'ai besoin de place pour dormir. En plus, j'ai eu une dure journée, tu ne te rends pas compte toi !

-Bien, bonne nuit princesse, répond l'homme en sortant de la chambre avec le dos courbé.

La jeune femme sourit largement de son bonheur dans ce lit deux fois plus grand que le simple couchage du minable studio occupé encore la veille. Elle y aurait même passé la journée entière du lendemain si « gueule en sang » n'avait pas écourté sa grasse matinée en sonnant à huit heure tapante. Elle attend un peu pour aller lui ouvrir, mais même après une demi-heure d'attente devant la porte close, l'homme n'a pas perdu patience et c'est avec le sourire qu'il présente son sachet de croissants à la jeune femme en pyjama.

-Merci, pour la peine, tu as le droit de me préparer un chocolat chaud que tu m'amèneras au lit. Je retourne reprendre un peu du sommeil que tu viens de me voler.

Chocolat et croissants pris, elle se rendort jusqu'à midi pour découvrir un « gueule en sang » à genoux devant le lit. Le travail fini, l'homme sans caractère a simplement choisi de profiter de la vue de sa belle au bois dormant en attendant de nouvelles consignes. Sans un mot, elle va vérifier le travail de peintre qu'elle approuve par la qualité et le souci du détail poussé jusqu'à enlever les draps des meubles et le gratifie d'un bisou sur un bout de visage libre de pansement.

-Tu es adorable, complimente-t-elle l'homme au visage rouge de fierté.

-Oh, tu n'aimes pas que les coups, tu aimes aussi la douceur on dirait.

-Oui maitresse.

Sentant l'homme poser un regard de désir sur elle, Maryia préfère couper court avant de perdre l'ascendant qu'elle a sur lui.

-Tu peux partir, je m'occuperai de la tendresse lundi, ou pas ?

-Bien maitresse, bon week-end maitresse, la salue l'homme si heureux qu'elle peut voir une bosse enfler dans le pantalon avant qu'il tourne les talons sans insister comme tout homme normal aurait essayé de le faire après un compliment pareil venant d'une jeune femme en pyjama.

Fière de son pouvoir, elle prépare la suite de la journée avec le plaisir de se vêtir en guettant la place centrale de derrière la baie vitrée. Les yeux scrutent tous les mouvements et les attitudes des hommes seuls qui se succèdent en position d'attente sur cette grande place. Elle cherche lequel a le plus un potentiel de loser bien soumis et assez friqué pour risquer son argent en sachant qu'il ne videra pas ses couilles à la fin. Elle rit de ce pouvoir, mais se trompe quand l'homme qu'elle voit sortir un téléphone au moment où le sien sonne n'a absolument aucune des caractéristiques qu'elle pensait constantes chez les soumis.

Pour s'assurer de l'homme, elle fait la marionnettiste en lui ordonnant de lever un bras puis l'autre afin d'avoir la certitude de ne pas se tromper d'homme.

« Mouais, il n'as pas l'air trop dangereux », se rassure la jeune femme avant de descendre sans le sac vide qu'elle avait prévu. Elle emmène juste la clé de l'appartement glissé sous un de ses seins. La clé contre son cœur, elle imagine le bonheur qu'aurait eu Stéphane à la voir ainsi, sans parler de la sensualité qu'elle cherche à dégager au maximum en traversant la place au sommet de ses talons aiguilles vertigineux. L'homme tombe presque à la renverse en recueillant la main fine de Maryia au creux de la sienne le temps d'un baise-main on ne peut plus cérémonieux.

-J'aime, tu marques un premier point.

-Et qu'ai-je gagné mademoiselle ?

-Pour l'instant rien que le droit de me tenir compagnie et de m'aider pour mon shopping. On comptera les points en fin de journée et tu auras de un bisou à beaucoup plus si tu es vraiment très agréable et…. Généreux bien sûr.

-N'ayez crainte, la rassure l'homme d'un certain âge qui marche avec une fierté non dissimulée au plus près de la beauté jeune et sexy que peu d'hommes peuvent se vanter de cotoyer, y compris parmi les plus jeunes d'entre eux.

Ils passent de boutique en boutique sans se presser avec une Maryia qui s'amuse à exciter l'homme en multipliant les essayages de tenues de plus en plus coquines à mesure que les chiffres augmentent sur un budget shopping que l'homme regarde exploser sans vraiment y prêter attention. Il est si désinvolte à la vue des factures que Maryia est celle qui devient gênée en fin de journée. La note est si lourde qu'elle ne sait pas comment elle pourra récompenser l'homme à la hauteur de ses dépenses. Elle pensait un petit bisou ou à lui laisser embrasser ses pieds comme les autres losers aiment bien le faire, mais après avoir dépassé les mille francs, elle commence à craindre que son corps devienne le seul enjeu valable.

Le total est de mille quatre cent francs quand elle rentre enfin à l'appartement en compagnie de l'homme à qui elle n'a toujours pas annoncée quelle récompense il aurait pour son bon comportement. Elle sent l'envie et le désir de l'homme, mais impassible, il se contente de la regarder prendre place sur le canapé sans dire le moindre mot. Angoissée, Maryia donne des jeux de jambes sans savoir quoi faire de cet homme quand Stéphane arrive vient la sauver à son corps défendant.

-Je te présente mon esclave qui va se mettre nu comme il est sensé le faire chaque fois qu'il est à la maison.

Surpris de l'entendre dire ça devant un inconnu, Stéphane s'exécute et vient prendre place nu devant sa jolie princesse. Elle écarte les mains qu'il tient devant son sexe et se voit improviser un petit jeu.

-Sors la tienne, dit-elle à son généreux mécène. Celui qui a la plus petite suce l'autre, ça te plait.

Le riche invité regarde entre les pattes de l'esclave du coin de l'œil et se lève résolument pour sortir son engin à hauteur de la bouche de Stéphane. Ecoeuré, mini-bite implore sa princesse du regard, mais elle se contente de passer derrière lui pour pousser sa tête sur toute la longueur de l'engin qu'il absorbe en entier au prix de nombreux étouffements. Il manque de vomir à force de se voir envoyer taper le bout du sexe de son palais jusqu'à ce que le principe des vases communicants se vérifie une fois de plus.

Heureux de sentir son sexe dans la chaleur humide d'une bouche quand ses mains se promènent sur les seins d'une jeune femme aussi sexy est le plus puissants des excitants pour le vieil homme qui lâche sa purée en moins de deux minutes en provoquant une éruption de plaisir inverse chez le suceur qui vomit sa bile de rage de s'être fait avoir par la jeune princesse au rire éblouissant. Elle savoure une nouvelle victoire de sa jeune beauté contre la laideur et le ridicule de son compagnon de logement.

Le sexe en main, le mécène nettoie le bout trempé contre les cheveux de l'homme agenouillé.

-Merci mademoiselle, j'espère vous revoir bientôt.

-Moi aussi, sourit Maryia en donnant une bise d'au revoir à son généreux compagnon de la journée.

Avec un sentiment étrange, elle regarde l'homme refermer la porte derrière lui avant de reporter son attention sur Stéphane. Ecroulé sur le sol, il garde les mains sur son visage. Des sanglots sortent de la bouche souillée pour le plus grand déplaisir de Maryia qui le ramène à la réalité par un coup de talon dans le ventre. Peu violent, mais efficace, la longue aiguille recouverte de cuir réveille les instincts de la loque allongé qui sursaute sous le choc.

-Pourquoi tu pleures ? Tu devrais être content, regardes tout ce que ta bouche m'a offert.

Elle tend le bras dans un grand mouvement circulaire en direction des sacs posés sur l'autre bout du canapé. Incapable de comprendre la passivité de l'homme devant tant de richesses accumulées en si peu de temps, elle désespère de le voir un jour devenir homme.

-Tu n'es pas ému devant tous ces beaux atours. Regarde !

Elle vide les sacs les uns après les autres sur les coussins pour montrer ses nouveaux trésors à son toutou.

-Je sais, je vais te faire un défilé et tu choisiras ma tenue pour demain soir. Ça te plait ?

-Oh oui princesse, termine Stéphane en un sanglot.

Il rêve de ce spectacle depuis des années, mais rattrapé par le contexte, il a un peu de mal à y trouver le plaisir qu'il espérait. La tête contre le sol, les yeux posés sur les semelles des hauts talons de Maryia, il oublie son malheur quand le petit string porté par sa princesse tombe sur le sol à quelques centimètres de lui. Le minuscule bout de tissu réveille les instincts mâles de l'homme allongé. Sa tête se tourne vers le haut à la recherche de l'entrejambe lisse qu'elle ne lui masque pas. Les lèvres lisses devant les bulbes rebondies des fesses douces s'offrent à la vue du rêveur. Le puceau s'imagine en homme, il se rêve entrer dans ce corps si beau que son sexe minuscule lui interdit à jamais. La lueur de désespoir s'empare de son regard avec une intensité qui n'échappe pas à Maryia.

La petite main de la jeune femme se pose contre son sexe pour montrer sa compréhension de l'homme.

-Ne rêve pas, ça c'est pour les hommes, les vrais. Je sais, c'est triste à entendre mais c'est comme ça pour toute ta vie. Jamais tu ne baiseras.

Des larmes surgissent de nouveau des yeux tristes de l'homme condamné à la chasteté de par son physique. Il sanglote avec assez de force pour émouvoir Maryia. Princesse humaine, la pitié s'empare d'elle devant ce spectacle pathétique. Elle s'accroupit en gardant son sexe hors de vue de son toutou et dépose une main caressante sur le petit bouton raide comme la justice qu'est le micro-pénis de Stéphane.

Entre le bout de l'index et le pouce, elle saisit la minuscule tige qu'elle ne peut guère secouer du fait de la taille dépassant à peine la largeur de ses doigts fins, mais cela suffit à faire exploser l'homme dans un râle de plaisir.

Les bourses jamais vidées par une femme laisse s'épancher un flôt de foutre ininterrompu sur le ventre de Stéphane. Heureux d'avoir enfin connu son moment de virilité, il lèche avec une joie immense les doigts que la jeune femme plonge dans sa bouche pour les nettoyer de sa souillure l'un après l'autre.

-C'est comme un dépucelage pour toi, non ?

-Oui princesse, grommelle l'homme entre deux succions.

-AH, Ah, ah, rigole la jeune femme en le laissant seul sur le sol à savourer son entrée dans le monde des adolescents. T'es vraiment un loser inespéré, lui crie-t-elle en rentrant dans le bureau après avoir enfiler un pull à col roulé. Elle ne tient pas à se montrer en tenue sexy devant sa famille et ses amies de Serbie pendant cette soirée qu'elle a décidé de dédier à prendre des nouvelles du pays pendant que son toutou remet sa chambre en état.

Dans les bas-fonds.

Stéphane tente de rentrer tenir compagnie à sa princesse à plusieurs reprises dans la soirée, mais elle ne cède jamais et reste devant l'ordinateur en visio conférence avec la Serbie. Déçu, il se résout à partir rejoindre le royaume de Morphée avec le plus beau souvenir de sa vie comme matière à élaborer les plus beaux des rêves en compagnie de la jeune femme qu'il prendra plaisir à surprendre par un magnifique petit déjeuner au lit le lendemain matin ;à treize heure du matin, mais le matin pour elle quand même.

-Princesse, voulez-vous sortir vous promener avec moi ? Ose demander Stéphane pendant la collation de la jeune femme.

-Je sors déjà avec toi ce soir, et demain je supporte ta mère. Donc ne m'en demande pas trop pour un début.

-Oui princesse, je comprends, répond Stéphane en pliant son corps entier.

Maryia sort le pied de sous la couette pour caresser le dessus du crâne de l'homme avec ses orteils.

-Tu m'impressionnes de plus en plus. Tu as tellement peu de caractère que je pourrais te faire faire n'importe quoi, juste ?

-Oui princesse.

-Tu es sans limite, tu dis. Je te promets que je trouverai tes limites. Je ferai tout pour t'amener si bas que je les trouverai tes limites, quelqu'en soit le prix pour toi.

-Vous pouvez toujours chercher, pour vous, je n'en aurai jamais aucune.

-T'es un peu prétentieux pour le coup. Dégage de ma vue, ça te fera une limite à apprendre.

-Si cela vous plait, cela me plait, répond l'homme d'un ton crâneur en laissant la jeune femme seule dans sa chambre.

« Je les trouverais, je les trouverais », se répète la jeune femme en défilant devant la glace pendant la moitié de l'après-midi à la recherche des meilleurs arrangements de tenue.

-On va bientôt y aller ?

La voix timide de Stéphane tente un début d'autorité quand il vient motiver la jeune femme à se dépêcher pour les retrouvailles du soir avec ses amis.

-Tu crois que c'est facile de trouver une tenue correcte. Il faut que ça corresponde à mon humeur tout autant qu'à la météo du jour. C'est un art complexe pour lequel tu n'as pas le niveau du tout. Occupes toi plutôt de débarrasser mon plateau du lit. Je ne devrais pas avoir à te le dire.

-Mais je...

L'index de la jeune femme se tend au bout d'un bras rigide pour intimer l'ordre de s'exécuter à Stéphane qui obéit sans délai. Homme de ménage parfait, il termine d'essuyer la petite vaisselle quand elle l'appelle depuis le seuil de l'appartement.

-Dépêche-toi, je n'ai pas que ça à faire que de t'attendre. T'es d'une lenteur, c'est incroyable, rajoute-t-elle à l'intention de l'homme vexé d'une telle mauvaise foi.

Il aurait presque eu le courage de lui faire remarquer, mais que dire à la bimbo qui va lui faire honneur dans la soirée. Hauts-talons beiges avec une robe moulante si courte qu'il se permet de lui faire remarquer que ses dessous pourraient être visibles si elle se penche un minimum.

-Tu crois que je n'y ai pas pensé, à ton avis, pourquoi je n'ai pas mis de dessous abruti ?

L'homme retient sa main et suis sa princesse dans les escaliers qu'elle descend avec une lenteur exaspérante à cause de ses talons immenses.

-L'élégance se fait dans la lenteur, lui explique-t-elle.

-Et vous êtes d'une extrême élégance, confirme Stéphane en tentant de lui prendre la main au départ de leur promenade dans la rue.

-Tu ne me touches pas. Je te prendrai la main si je le veux et si tu es sage. C'est loin ?

-Place Guisan à deux cent mètres.

Hautaine, Maryia arpente la rue de la gare avec toute l'arrogance que lui autorise sa plastique parfaite. Les regards des hommes et, surtout, les réactions des femmes qui reprennent leur mari en main pour les retenir de trop attarder leur regard sur la jeune femme font naitre un immense sourire de revanche sur le visage de la petite paysanne serbe. Sans le sou il y a peu, c'est un monde qui s'ouvre à elle maintenant qu'elle porte sur elle les attributs essentielles à une réussite féminine dans ce pays ultra matérialiste qui ne laisse vivre la galanterie que devant la beauté sexy qu'elle est ce soir où tous les hommes s'écartent pour la laisser prendre place sur la terrasse du bar.

Désespérément Stéphane tente de montrer qu'il est le seul homme des lieux à avoir des droits sur la bimbo qui l'accompagne, mais la tâche n'est rendue possible que par la généreuse attention de Maryia qui pose un bras lascif sur la cuisse de l'homme quand il commence à détourner le regard de sa princesse.

-Tu ne regardes que moi, compris ?

-Oh oui princesse.

Les joues rougissent sous la chaleur de l'avant-bras blanc qu'elle garde à quelques mètres du sexe excité que personne ne peut deviner malgré le tissu fin du pantalon serré. Les joues rouges et l'envie vicieuse qu'elle lit sur le visage de Stéphane la force à retirer son bras pour ne le reposer occasionnellement qu'au tout début de la rencontre avec les trois amis qui les rejoignent.

Tous trois charmés, ils ne tarissent pas d'éloges pour la beauté envoutante qui accompagne leur ami et finissent par ignorer complètement Stéphane. L'homme a beau tenter de se joindre à la discussion, il est totalement mis de côté par le groupe au sein duquel chacun des hommes tente sa chance auprès de la jeune femme heureuse de son succès. Le moment est si plaisant que la jeune femme ne voit pas le temps défiler. Il faut que les serveurs les pressent de partir pour qu'elle se rende compte que minuit est arrivé.

-On rentre, tente Stéphane dans l'espoir de la voir abandonner les trois dragueurs.

Mais enhardi par l'alcool, elle se lève avant toute l'assemblée et festive renvoie Stéphane dans l'oubli qu'il n'aurait peut-être pas dû quitter.

-Pourquoi tu veux rentrer ? Tu ne veux pas savoir lequel aura ses chances avec moi ? Ou plutôt lesquels, renchérit la jeune femme alcoolisée.

-Yesss ! Crie les deux plus jeunes du groupes en claquant leur main l'une contre l'autre.

-On va en boite, propose Alain, le jeune trentenaire assez entreprenant pour taper une fesse de de Maryia en se levant. Viens ma belle !

Sa main reste plantée sur la fesse de la jeune femme qu'il entraine pour leur plaisir commun. Elle tourne la tête en direction de Stéphane pour le gratifier d'un clin d'œil avant de récompenser l'esprit d'initiative de l'homme entreprenant.

-Stéphane, je crois que j'ai trouvé le gagnant. Tu viens ?

-Ben, on ne va pas en boite ? Demande Alain.

-Eux, ils y vont s'ils veulent, toi tu viens chez moi. Stéphane, viens !

-Désolé les gars, mais si mademoiselle insiste, je m'en voudrais de la contrarier !

-Amusez-vous bien ! Et toi aussi, sacré Stéphane, on y a presque cru à ton histoire, lancent les deux hommes partis pour une partie de chasse à la femme en boite de nuit.

Stéphane lance un salut de la main puis se retourne pour se retrouver face à Maryia. Les bras croisés, l'air strict, elle le dévisage froidement.

-Quelle histoire ils ont presque crue ?

-Ce n'est rien, je t'expliquerai plus tard.

-Partons, je te raconterai une fois chez toi.

Pressé de profiter du menu qu'il dévore depuis le début de la soirée, Alain a plus envie de s'installer bien confortablement en compagnie de Maryia que de la voir me houspiller devant la terrasse au milieu des serveurs qui empilent le mobilier.

-Pas la peine !

-Si, c'est la peine, je veux savoir quelle connerie tu es encore allé leur raconter !

Alain commence à raconter la présentation qu'il a fait à tous au sujet de la relation qu'il entretenait avec sa future femme et comment elle était un super coup au pieu.

-Quoi !

Maryia stoppe net au milieu du trottoir. Avec élan, elle balance une claque retentissante en travers du visage de Stéphane qui titube sous la violence du choc.

-Tu t'imagines épouser une femme comme moi. Arrête de rêver !

-Mais on vit quand même ensemble.

-Oui, on est sous le même toit, et toi tu es juste mon soumis, rien d'autre. Alors reprends ta place et contente toi de continuer à bien obéir sinon tu ne me revois plus jamais. Et je ne veux pas avoir à le redire une nouvelle fois, compris ?

-Oui princesse, répond Stéphane les larmes aux yeux.

 Les larmes coulent sur ses joues durant tout le cours trajet qu'il passe à marcher derrière le couple aux mains baladeuses. Alain n'a aucune gêne à glisser sa main sous la robe pour caresser les fesses qu'il offre à la vue de tout le monde pour le seul plaisir de marquer sa propriété du soir.

« Ben c'est beau les amis », ressasse Stéphane en boucle jusqu'à leur arrivée dans l'appartement, dans ce qui est encore et toujours, du moins légalement, SON appartement.

Simple objet inutile.

La porte de l'appartement à peine franchie, c'est une débauche de baisers qui noient le couple de circonstance. Stéphane assiste impuissant à une démonstration torride de la part de Maryia. Plaqué contre le mur, Alain se voit pris comme proie par la jeune femme. Les mains sur les joues de l'homme, elle l'embrasse avec fougue. La langue affamée déborde de la bouche qu'elle dévore, goute les lèvres et le menton de l'ami de Stéphane.

Simple spectateur, Stéphane ne sait pas quoi faire devant la situation inédite. Doublement inédite, il voit pour la première fois une scène passionnée chez lui, comme il voit pour la première fois un sexe de femme en vrai. Hypnotisé, il ne quitte pas du regard la fente lisse que la femme lui exhibe sans pudeur.

Les fesses plaquées contre le sexe d'Alain qu'elle maintient contre le mur, elle laisse l'homme relever la courte robe pour jouer avec les lèvres lisses. Des deux mains, il joue avec cette vulve humide que ses doigts pressent avec insistance autour du petit bouton en érection qui désespère Stéphane par sa longueur.

« Elle avait raison », constate Stéphane avec tristesse. La main passé dans son pantalon, il tate son bout dur avec la malheureuse sensation que le clitoris rouge vif qu'elle lui montre est plus grand que sa minuscule éminence virile. Le regard insistant de Stéphane sort Maryia de la transe dans laquelle elle est entrée.

-On dirait que ça excite la mini-bite.

Elle se retourne pour faire face à Alain.

-J'ai un super spectacle à t'offrir. Tu vas adorer !

-Quoi ? Demande Alain pressé de rentrer dans le sexe trempé qu'il vient de tripoter avec une envie visiblement partagée.

-Tu vas voir. Esclave, amènes nous deux verres de whisky cola. Et vite !

D'un coup de pied dans la cuisse, elle motive Stéphane à partir chercher les deux verres demandés. Et de la main, elle tire Alain vers le canapé sur lequel elle le fait tomber d'un geste de la main. Ses mains relèvent la robe au-dessus de ses hanches pour la laisser s'asseoir sur son invité. Les jambes de part et d'autre des cuisses de l'homme désiré, elle promène ses mains sur le torse qu'il lui présente en déboutonnant sa chemise blanche. Elle inspecte le corps désirable et se laisse inspecter plus encore au retour de Stéphane dans le salon. Stoppé net à l'entrée de la pièce, il reste interdit devant la beauté des seins de sa princesse. Enfin il les voit ces deux globes enrobés d'une peau blanche et douce. Ils sont magnifiques et c'est son ami, enfin c'est ce qu'il croyait, qui plonge sur la brune auréole pour gouter la douceur du téton pointé vers lui. Le menton se rejette vers le plafond à mesure que les lèvres de l'homme renforcent leur pression sur ce sein qu'elle offre devant Stéphane.

-Tu te rinces l'œil correctement vieux pervers !

Maryia rigole et lui fait signe de venir auprès d'eux. A genoux, il tend les verres au couple qui s'accorde une pause le temps de siffler le whisky. Nue contre Alain, la jeune femme garde les jambes ouvertes pour l'homme en rut. Le coude de l'homme maintient la cuisse de la jeune femme contre son ventre pour laisser ses doigts continuer à visiter l'intimité de la jeune femme gémissante.

-C'est vraiment jour de fête pour toi, hein loser ?

-Pas vraiment princesse.

Elle jette le fond du verre au visage de Stéphane en déclenchant un fou rire d'Alain qui s'empresse de protéger le fond de son verre d'un futur gaspillage. Il relâche la pression sur la jambe de la jeune femme qui se relève pour dominer de toute sa hauteur l'homme agenouillé devant eux. Nue au sommet de ses hauts talons, elle surplombe un Stéphane coincé entre peur et bonheur. Il est captivé par les balancements des petits seins qu'elle laisse pendre à quelques centimètres du visage effrayé par la main droite qu'elle lève haut vers le ciel. L'haleine alcoolisée tombe sur lui remplie d'une haine visible.

-Tu me vois entièrement nue et tu n'es pas heureux. Tu te moques du monde putain de loser.

La main tenue en l'air plonge vers le visage de Stéphane à pleine vitesse. Elle ne laisse aucunement le temps de répondre à l'homme qu'elle gratifie d'un coup de talon qui manque de la faire tomber avec l'homme poussé contre le sol.

-Fous-toi à poil. Montre-nous comme tu es un homme.

Et elle rit, elle rit de l'homme qui se défait de tous ses vêtements à toute allure. Sans se lever, il se tortille sur le sol pour se débarrasser des derniers remparts derrière lesquels il tenait à garder son intimité d'infirme. Le pantalon poussé loin des chevilles, Stéphane porte les mains sur ses parties en un réflexe. Jamais il n'a aimé les montrer, encore moins à un ami qui pourrait propager la nouvelle de l'ingénieur à micro-pénis. Mais Maryia ne l'entend pas ainsi. De toute sa hauteur, elle se laisse tomber à genoux sur la poitrine de l'homme allongé. Le souffle coupé par l'impact, il essaie vainement de soulever la jeune femme mais elle le force à abandonner dans cette voie à coup de poing dans les bourses.

-Tu ne bouges pas. Et toi, viens me montrer ce que tu caches sous ton pantalon.

Les genoux glissent sur le ventre de son homme-matelas. La tête coincée entre les plates formes des escarpins de Maryia, il grogne et rougit plus de honte que du poids de la jeune femme agenouillée sur lui.

-Qu'il est ridicule ce machin. Ça a tout de même une autre gueule, rigole Alain en sortant son engin de sa braguette.

-Huummm…

Maryia soupire en tentant de faire le tour de l'engin avec ses petits doigts d'une main alors que l'autre ferme l'autre main sur les parties minuscules de Stéphane. La pince des doigts plante les ongles en profondeur dans la peau des bourses lisses et arrache un cri de douleur de l'homme meurtri.

-Ta gueule, un coussin ne parle pas.

-Et une femme active non plus, rajoute Alain en enfonçant son membre au fond de la jeune bouche si attirante.

Elle manque d'étouffer et tente de repousser des deux mains le bassin contre lequel l'homme lui presse le nez. Il écarte les mains d'un revers du bras, relâche un peu la pression et laisse la bouche chaleureuse prendre les choses en main. La petite langue s'active sur le bout que ses doigts pressent à une cadence identique au pilonnage que ses autres doigts effectuent sur les bourses de Stéphane qui crie par intermittence.

-Ta gueule, j'ai dit, crie Maryia entre deux plongées sur cette barre de chair.

Elle crie de plus en plus fort, mais la souffrance reste plus forte que la peur au point de contraindre la jeune femme à essayer de bloquer la bouche avec ses pieds. Elle tourne la tête et vise la bouche gémissante, mais la hauteur des plateformes est plus grande que la gueule à boucher. Elle insiste mais les cris se font plus stridents. Une nouvelle menace tombe avec pour seul résultat de faire crier le coussin encore plus fort qu'auparavant.

Frustrée de ne pas pouvoir se consacrer pleinement à la dégustation de l'énorme sucette mise à sa disposition, elle prend le taureau par les cornes et les escarpins par talons qu'elle repousse d'un geste vif sous le regard admiratif d'Alain. L'homme ne s'attendait pas à la voir réussir à se débarrasser de ses talons sans stopper la magnifique pipe qu'il apprécie en expert. Son gland gonflé entre les tours de langue de la jeune femme est prêt à exploser, tout comme les bourses de Stéphane sous les griffes de la jeune femme irritée par ces cris qu'elle entreprend de faire cesser de la manière la plus simple et la plus inattendue du monde.

Quand Alain s'attendait à la voir se servir d'un baillon, il peut la voir démontrer la nature des femmes à pouvoir faire deux choses en même temps sans en rater une seule. La bouche occupé à embrasser le bout d'Alain, elle ne le lâche pas des yeux pour le plus grand plaisir de l'homme rassuré sur son état de mâle, contrairement à son congénère théorique qu'elle réduit au silence à tatons. Ses petits pieds nus débarrassés des douloureux escarpins, elle joint l'utile à l'agréable en enfournant ses petons sous les joues de la gueule déformée de Stéphane. Les cris transformés en grognement permettent enfin à la princesse du foyer de profiter plus calmement des avantages offerts par son coussin moelleux.

Confortablement installée, les genoux calés contre le bassin de son coussin, elle maintient une prise ferme sur les bourses molles et se consacre pleinement à la préparation des ébats à venir. La bouche lèche consciencieusement toute la longueur de la tige tenue raide par un massage expert des racines rondes qui l'alimentent. Satisfaite du résultat, elle poursuit le travail en gobant au plus profond ce monstre qu'elle croit encore sentir grandir chaque fois qu'un coup de bélier tape contre son palais.

"Jusqu'où peut-il encore gonfler?", s'interroge la jeune étudiante dans un but purement scientifique. Elle bloque ses lèvres autour de la base du gland et aspire en insatiable gourmande ce mets de choix. Ses ongles caressent amoureusement la base des bourses pleines et fermes qui ornent la base de cette tige pleine d'une vie qu'elle sent désireuse de découvrir le monde extérieur. Elle aspire le goulot de cette bouteille de jus de chêne printanier et se voit honorée d'un torrent de sève épaisse qu'elle n'espérait pas en si grandes quantité. La surprise de l'explosion provoque une réaction de rejet du corps de la jeune femme.

Le premier jet frappe en quantité contre le palais de la princesse qui ne s'attendait pas à recevoir autant de ce sirop épais de la part de l'homme en pleine jouissance. Le contact du sperme épais en si grande quantité sur la gorge de la jeune fille lui donne un haut-le-coeur suivi d'un mouvement de recul incontrôlable.

Les mains devant la bouche, c'est son corps entier qui est propulsé vers l'arrière par le puissant jet sorti de la lance d'Alain satisfait de la virilité qu'il montre à la jeune femme et à l'émasculé qui sert de coussin pour les petits genoux de sa suceuse de talent. Sa puissance d'homme démontre sa force à Stéphane aux prises avec la résultante de la violente éjaculation.

Allongé sous le corps léger et doux de la jeune femme, Stéphane savoure le contact féminin comme jamais avec la chaleur de sa princesse excitée contre sa peau et le rapport sexuel que sa bouche et les mignons petits orteils pratiquent avec amour, sa langue étant le sexe rigide qui prodigue le plaisir à la jeune femme qu'il ne peut qu'entendre jusqu'à l'éjaculation abondante qui l'envoie tomber sur son visage.

Heureux, son visage voit d'abord les belles fesses rondes lui tomber dessus quand sa bouche se sent transpercer par les petons qu'il cajolait la seconde d'avant. Les ongles en avant, les orteils s'enfoncent dans la bouche avec le poids de la jeune femme comme allié. Par peur de l'étouffement, l'homme retrouve l'instinct de survie animal qu'il gardait invisible en lui, et son corps entier se ligue contre l'agression.

Des deux mains il saisit les chevilles de la jeune femme et, tout en tournant sa tête du côté opposé, la jette du plus loin qu'il peut pour échapper à ce que son corps voyait comme étant un risque d'étouffement ou de blessures internes. Son corps débarrassé du poids léger, mais identifié comme potentiellement dangereux, il glisse sur le flanc et crache à flot ininterrompu dans sa recherche de récupération. La bouche enfin libéré, il tente de retrouver son souffle sans la moindre attention pour sa princesse qui crie la douleur ressentie à son atterrissage, la tête la première sur le carrelage.

-Espèce de con, crie-t-elle en direction de Stéphane.

Insensible à la critique, l'homme se fout de la douleur infligée à la petite égoïste. Il en a marre. Autant les caprices et l'humiliation dans un cadre de jeu coquin qui lui permettait un peu de voyeurisme sur une scène qu'il n'a et n'aura jamais la chance de vivre par lui-même passait, autant se faire insulter et frapper comme elle commence à le faire à grands coups de talon ne passe plus. C'est fini pour lui.

Il s'écarte pour esquiver un nouveau coup de talon que la jeune femme ne parvient pas à retenir à la vue de la dérobade de sa cible. Emporté par l'élan et la capricieuse gravité, elle envoie son talon s'écraser violemment contre le carrelage avec la peur d'avoir casser cet os qui fait résonner son squelette en entier. Du talon aux mâchoires, elle souffre de l'atterrissage sur ce sol sans la moindre souplesse.

-Aïe, abruti, hurle la jeune femme dans une rage folle.

-Tu es complètement folle, crie Stéphane en retour.

-Folle, moi je suis folle.

Outrée par le manque de respect de son soumis, Maryia a le sang qui lui monte à la tête dans l'instant. La douleur disparait pour un temps derrière l'énervement naturel que l'homme provoque chez celle qu'il est sensée servir et vénérer comme il se doit. Elle se relève d'un bond et sur les genoux glisse le mètre qui la sépare de Stéphane qu'elle bombarde de ses petits poings sans grand résultat. L'homme encaisse les coups de plus en plus mous qu'elle lui donne avec une intensité faiblissante qu'il tourne à son avantage.

Un des poings tombant mollement sur son épaule, il le saisit et envoie la femme rouler sur le sol. Là, il se jette sur elle, à califourchon sur la poitrine nue, il lève un poing vengeur.

-Je vais te crever salope, la menace-t-il avec le poing en l'air.

Il lance l'épaule en arrière pour rajouter de l'élan au coup qu'il veut le plus fort possible sur le visage que la jeune femme cache derrière ses petites mains. Mais Alain ne l'entend pas ainsi. Spectateur d'une scène qu'il ne comprenait pas spécialement, il se contentait de regarder avec le plaisir de sa jouissance conjuguée au plaisir de la nuit de sexe effrénée que Maryia lui promettait avec assurance. Ce geste de Stéphane pourrait compromettre sa partie de jambe en l'air à venir et ça, il ne peut se le permettre.

Alain saute sur Stéphane qu'il tape droit sur la joue et continue sa distribution de coups jusqu'à ce que son punching-ball soit prostré en larmes sur le sol.

Maryia se colle contre Alain qu'elle remercie d'un baiser qui redonne de la vigueur au sexe en cours de récupération.

-J'ai droit à une récompense ? Demande Alain à la princesse qu'il vient de sauver.

Maryia prend le temps de réfléchir et se rappelle les lectures de blogs et forums sur la domination qu'elle a eues dernièrement. Dans ces pages, elle a pu voir les attitudes à avoir à chaque franchissement de limite et sait qu'elle se doit de confirmer son autorité par une fermeté proportionnelle à la limite et à la situation du franchissement.

-D'abord, tu l'attaches avec ta ceinture et tu me le réveilles. Je dois le mater une bonne fois pour toute.

Elle laisse Alain debout devant le spectacle de son ancien ami réduit à l'état de lope en pleurs. Il ne voit pas comment elle peut le mater plus que ça et son air interrogateur pousse la jeune femme à user de l'argument le plus solide qui soit quand une femme veut quelque chose d'un homme. Elle interpelle Alain depuis le pied de l'escalier :

-Si tu le fais, je te laisse jouer avec celui-là !

Les yeux rivés sur l'homme, elle lit déjà l'accomplissement de sa demande par l'homme au visage qu'il arbore en regardant le petit trou lisse qu'elle lui exhibe entre les fesses qu'elle tire pour dévoiler son entrée arrière.

-Désolé mon gars, mais je ne peux pas laisser passer l'occasion. J'espère que tu comprendras, dit Alain à l'homme allongé en serrant la ceinture autour du buste pour en bloquer les bras.

-Salaud, je te crèverai aussi, je te le promets, hurle Stéphane en lançant son buste dans une tentative désespérée de se relever.

-On verra ça plus tard.

Alain rejette l'homme attaché sur le sol à petits coups de pied à chaque fois qu'il est proche de réussir à se redresser. Il s'en veut de sa méchanceté, mais l'enjeu est gros pour lui et ces innocents coups lui promettent une belle, très belle nuit d'après la jeune femme qui redescend les marches avec son fouet à la main.

-Wow, s'extasie Alain.

Encore jamais, il n'a vu de femme jouer avec un fouet et cette grande première réveille sa libido pour le plus grand plaisir de la jeune femme qui pose un petit bisou sur la verge grandissante avant de commencer à travailler. Toujours furieuse contre son soumis, elle essaie de maitriser ses émotions pour se consacrer à la tâche essentielle de franchir cette limite en brisant la volonté de son soumis.

-C'est pour ton bien, dit-elle d'une voix douce à l'homme qu'elle frappe une première fois doucement.

Le poignet souple, elle fait danser le manche du fouet au bout de ses petits doigts devant un Alain surexcité qui la regarde en caressant son manche. Il se fout des coups et de leur intensité croissante, seules comptent pour lui les petites fesses qui tressautent à chaque nouvel envoi de la lanière de cuir à travers l'air de la pièce. Au bord de l'éjaculation, il se retient contrairement à Stéphane qui transperce l'air de cris déchirant à mesure des ruisseaux de sang qu'elle fait naitre à chaque coup.

Le corps de l'homme martyrisé convulse pour s'évanouir à deux reprises pendant le massacre. Evanoui, il est réveillé par des coups plus fort et placé sur des endroits plus sensibles. La lanière lacère le visage en manquant d'emporter un œil avec le torrent en crue qui jaillit de l'arcade blessé. Inhumains, les cris percent les tympans d'Alain qui finit par prendre son ancien ami en pitié et suggère craintivement de passer à d'autres jeux.

Maryia hésite. Du bout du pied, elle tapote l'homme en pleurs, passe le bout du fouet sur le corps taché de sang sur son ensemble. Seuls les mollets et les pieds ont réussi à échapper à la cruauté de la jeune femme qui jette le fouet sur le sol avec un air satisfait. Elle ouvre un placard mural placé près de l'entrée.

-Tu le mets là-dedans et tu n'oublies pas de pisser dessus avant de refermer.

-Quoi ?

-Tu le veux celui-là ?

Elle appuie la question d'un nouvel écartement de ses petites fesses pour dévoiler la meilleure raison de lui obéir.

-Désolé mec, souffle Alain dans l'oreille de Stéphane avant de le tirer à travers la pièce par la boucle de ceinture.

Les fesses de l'homme attaché laissent une trainée de sang sur le carrelage entre le lieu du supplice et le placard ouvert par la jeune femme. Elle sourit en passant le pied dans le sang et rigole avec force quand la tête de son soumis reçoit le jet d'urine de l'homme qui s'excuse une nouvelle fois en profitant du départ de la jeune femme.

-ça m'a donné soif, je te ramène un whisky ?

-Oui.

Alain vérifie par-dessus son épaule pour s'assurer du départ de la jeune femme et accomplit un dernier geste plein d'humanité avant de fermer le placard.

-Tu seras mieux, fait-il en desserrant la ceinture de trois crans.

Les yeux vides de Stéphane regarde Alain sans vraiment comprendre ce qu'il vient de faire avant de se retrouver dans le noir le plus total dans sa cellule improvisée. Sa vue réduite à néant, l'homme enfermé reporte toute son attention sur l'ouïe. De sa cache, il écoute la discussion du couple occasionnel qui batifole sans lui sur son canapé. Rires et prévision de punitions encore plus violentes émaillent en continu le discours de la jeune femme aux émotions et ambitions aiguisées par l'alcool. Elle semble jouir de la souffrance infligé et encourage Alain à recommencer au cours de la nuit.

-Je le veux en sang devant sa mère. Demain, elle doit voir le loser qu'elle a engendré. Tu m'aideras ?

-S'il n'y a que ça pour te faire plaisir, je te promets que je le ferai. Mais donne-moi ton petit cul pour l'instant.

La discussion s'arrête et des gémissements remplacent les mots qui tournent en boucle dans la tête de Stéphane. Trahi, humilié, il rumine au fond de sa cache en travaillant sur cette ceinture qu'il parvient à faire remonter lentement jusqu'à libérer l'étreinte de ce bout de cuir qu'il évacue par-dessus ses épaules.

La ceinture tombe sur le sol avec un bruit qu'il n'attendait pas. De la main, il fouille et découvre ce qu'il avait abandonné là il y a plusieurs années. Il ausculte des mains ce jouet fourni par l'état il y a bien longtemps et retrouve l'automatisme des gestes appris dans sa jeunesse. L'hésitation est là, mais les râles de bonheur lui annonce un changement d'activité pour le couple. Le coït est fini pour la plus grande joie de l'homme qui respire bruyamment quand la jeune femme reprend l'initiative.

-Je vais lui remettre une raclée. C'est pour son bien.

Stéphane ne peut pas, il sent encore le cuir lui transpercer la peau et ne veut pas revivre ça, surtout si sa mère doit en voir le résultat.

-Pour l'honneur, crie-t-il en enfonçant la porte de l'épaule.

-Oh tu fais quoi ?

Le fouet de nouveau en main, Maryia reste interdite devant la sortie de son soumis. Elle envoie le fouet claquer contre le sol.

-Couché !

Mais le toutou ne l'écoute plus. Il lève les mains droites dans la direction du canapé et laisse éclater sa rage. Alain tombe le regard fixe devant la réaction inattendue de l'homme humilié. Jamais il n'aurait cru à un dénouement comme ça. Il tombe sous les yeux de la jeune femme qui le rejoint après une nouvelle explosion de colère. Stéphane ne lâche pas le morceau, il continue à libérer sa rage de vengeance jusqu'à ce que le clic final lui annonce la fin du chargeur de son pistolet d'ordonnance.

Il replonge dans le placard, recharge une balle dans la culasse et vient s'asseoir contre le corps sans vie de sa jeune et jolie princesse. Sa main se pose sur le cœur sans vie.

-Nous resterons unis pour toujours.

Le canon scelle cette union qu'il voulait éternelle.

www.ingramcontent.com/pod-product-compliance
Lightning Source LLC
Chambersburg PA
CBHW071155280526
45787CB00002B/513